算数授業を左右する

発言した子の意図が伝わっていないなあ

○○くんの言っていることってどういうこと？

教師の判断力

教師の言葉で授業展開が変わる！

筑波大学附属小学校
森本隆史
編著

算数授業を子どもと創る研究会
著

東洋館出版社

はじめに

　子どもたちは教師の言葉をしっかりと聞き，教師の言葉に対して，実に素直に動こうとします。算数の授業は，教師がどのような言葉を，どんな子どもたちに向かって発するのかによって，大きく変わっていきます。

　若い頃のわたしは，このことに気づいていませんでした。
　4月に出会った子どもたち。算数の授業をしていると，多くの子どもたちがやる気に満ちた顔をして，何度も手を挙げて発表しようとしていました。しかし，6月頃になると，なぜか，手を挙げる子どもがだんだんと少なくなっていきました。当時のわたしは，どうしてそのようになるのか，よくわかりませんでした。
　ある日の自分の算数の授業をビデオに撮り，放課後，見てみました。ある場面で突如，新しい式が出てきたときです。画面の中のわたしは，「どうしてこの式になるのか，わかった人？」と，子どもたちに尋ねていました。
　その言葉を受けて手を挙げている子どもは数人しかいませんでした。それはそうです。手を挙げることができるのは，わかっている子どもだけだからです。どうしてその式になるのかがわかっていない子どもは手を挙げることも，何かを言うこともできなかったと思います。わたしの言葉は，わかっている子どもを対象にしている言葉だったのです。
　当時のわたしは「どうしてそうなるのか，わかった人？」と，いつも同じような言い方ばかりしていました。その結果，わかっている子どもだけが反応し，わからなかった子どもたちは手を挙げる機会を少しずつ奪われていったのだと思います。

　あの瞬間に，他の言葉を選ぶことができていれば，その後の子どもたちの反応は変わっていたはずです。いろいろな言葉が，わたしの引き出しとしてあればよかったのですが，当時はありませんでした。

例えば，「『どうしてこの式になるの？』って思う人？」「この式の意味が少しわからないなっていう人？」というような言葉の引き出しがあれば，授業は変わっていたと思います。

　この場合は，わかっている子どもが言葉の対象になっているわけではなく，困っている子どもが対象になっているのです。困っている子どもたちを対象にしているので，先ほどの授業の展開とは変わっていきます。

　わたしたちは，授業のある瞬間に，いろいろな言葉を発しています。言葉の引き出しがなければ，いつも同じことを言うしかありません。

　多くの言葉の引き出しがあれば，選ぶことができます。その瞬間に，多くの子どもたちのために大切にすべきことは何か，判断することができます。

　教師の一つ一つの判断が，授業を左右していくのです。

　本書では，具体的な授業の場面について，3つの言葉の選択肢を示しています。教師がある言葉を言ったとき，どんな子どもが反応するのか，子どもたちはどんなことを思うのか，考えながら読み進めていただければと思います。その結果，この本を手に取ってくださった方の言葉の引き出しが増え，子どもたちを大切にする教師の判断力が培われていくことを願っています。

　自分の算数の授業を少しでも変えたい。でも，どうすればよいのかわからずに困っている。だけど，一生懸命に，目の前にいる子どもたちが笑顔になる算数の授業を目指している。そのような方に，本書を読んでいただければ幸いです。

2023年2月

筑波大学附属小学校　森本隆史

CONTENTS

1章 授業中の判断の4つの基準

2章 算数授業での教師の判断力

本 書 の 使 い 方

1ページ目

第2章の1ページ目と2ページ目の途中までには、どの学年のどの単元のどんな授業場面なのか説明しています。授業で出した問題や、教師が言ったこと、それに対して子どもたちがどんなことを言ったのか、どんなことに困っているのかなど、なるべく詳しく書いています。
実際の授業場面をイメージしていただいて、授業者になったつもりで読んでみてください。

2ページ目

2ページ目の最後には、それぞれの授業場面の後、どのように言うのか、教師の言葉を3通り吹き出しに書いています。
3ページ目以降を読む前に、それぞれの言葉を言った後、子どもたちはどんなことを感じるのか、どんなことを考えたくなるのか、またはならないのか、その後の授業はどのように流れていくのかなど考えてから、ページをめくってみてください。

教師の判断1から判断3について述べています。判断1は，それぞれの場面で，執筆者が「絶対に言わないであろう言葉」を書いています。判断2と3については，実際に使いたい言葉です。

教師の言葉がどの対象の子どもに向けた言葉になっているのか，どんな目的があるのかについて，それぞれのページの上の部分に記載しています。

前半部分は，それぞれの授業の教材に関係のあることについて書いています。教材研究の参考にしていただければ幸いです。

後半部分は，教師の言葉の価値や他の言葉を使うとすれば，どんな言葉を使うことができるのかなど，森本がそれぞれの実践について思ったことを書いています。

　目の前の子どもたちは，それぞれの学級でちがいます。
「自分のクラスの子どもだったら，どう考えるかな」などと考え，読者の先生の
言葉の引き出しが増えることを目的にしています。

1章

授業中の判断の
4つの基準

授業は教師の判断の連続で
創られている

　私たち教師は，授業のさまざまな場面で，学び手である子どもたちの発言内容，つぶやき，表情，しぐさ，体の動きを見取り，さらには，心の機微などを感じ取っています。そして，それぞれの子どものよさを生かすことを頭の中で思い描き，瞬時に判断し，対応しています。この判断によって，その後の授業の展開は大きく変わっていきます。そんなことを考えると，教師の細やかな判断の連続によって，授業は創られていると言えます。

　当たり前のことですが，瞬時の対応の仕方は，個々の教師によって異なります。どのように対応するのかは，それぞれの一瞬の判断に委ねられるからです。採用1年目の先生と，20年目のベテランの先生では，見えている世界も異なるでしょうし，持っている引き出しの数もちがうはずです。また，同世代の先生同士を比べても，それぞれの教科の見方・考え方を大切にしている先生は選択する言葉も変わってきます。

　教師が判断するためには，目の前にいる子どもたちをしっかりと見つめて，ひとつの授業の中で子どもたちに与えられることは何なのかについて，考える必要があります。そして，思い浮かぶ選択肢の中から最善だと思う言葉を決めていきます。しかも，その判断は，一瞬で行われています。多くの教師は，子どもたちのためによりよい授業をしたいと願っています。そのために何度も判断をしているのです。

　例えば，ある子どもが発言をした場面について考えてみます。周りの子どもは一生懸命聴いていたのだけれど，発言した子どもの言ったことが「よくわからない」という場面がたまにありますよね。すごく長く話してくれたのだけど，周りはポカンとしているような場面です。

　わたしたち教師は，話を聴いている子どもたちの表情を見て，「今の話は伝わっていないな」と感じ取ります。

　読者のみなさんなら，こんなとき，次にどのようにしますか。
　「今，〇くんが言ったのは，～ということだよ。わかった？」などと，教師が説明をするという判断をする方もいらっしゃるのではないかと思います。教師が説明をすることで，わかっていなかった子どもたちは，その子の言ったことを理解することができるでしょう。教師はそれを見て一安心します。しかし，このようなことをくり返していると，子どもたちの表現力は育たないですし，友だちの話を聴こうとする態度も育ちません。

　「今のお話，ちょっと難しかったんじゃない？」と，周りの子どもたちに尋ねるという選択肢もあります。このように尋ねれば，きっと，「うん。少し難しかった」とか，「よくわからなかった」と素直に表現してくれるはずなので，もう一度，発言した子どもに「もう一回説明してみる？」と言うこともできます。そうすると，先ほどとは展開が変わってきます。

　つまり，教師の判断によって，言葉を選択することで，その後の授業の展開が変わっていくということです。

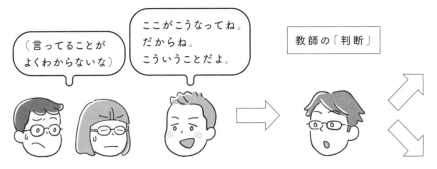

教師の言葉によって
子どもたちの感じ方は変わる

　子どもたちは教師の言葉をとても素直に聞いています。わたしたちが発した言葉によって，子どもたちが感じることは変わってきます。これは算数の授業に限らず，すべての教科で言えることです。

　子どもたちの周りを歩いていて，よい考えをノートに書いている子どもを見つけたとき，教師はその子どもを指名したくなります。そして，その子どもを指名してみます。すると，その子どもがノートに書いていた考えとはまったくちがう考えを発表するという経験がわたしにはあります。読者の方の中にもそういうことはありませんか。

　このような場面で，我々がどのように言うのかによって，授業展開が変わっていきますし，子どもたちが感じることも変わっていきます。

　指名された子どもは自分が言いたい考えを言ったはずです。しかし，教師は，自分が期待していた考えを子どもが言わないときに，

「あっ，それじゃなくてノートに書いてあることを言ってくれる？」

と，言ってしまうこともあります。子どもにとってみたら，「え？　なんで？」と思うのではないでしょうか。周りの子どももこのような教師の対応を見ています。「自分も言いたいことを言ったら，先生に『ちがう，それじゃない』って，言われるかも」と思う子どもも出てくるかもしれません。子どもたちの主体的な姿を引き出すという授業とは，どんどん遠くなってしまいそうです。

　頭の中では，「あっ，期待したことを言わなかったな」と思いつつも，**「どうして，そう考えたの？」**と，発言した子どもに根拠を尋ねることもできます。当然，教師がもともと想定していた授業展開とは変わってくるでしょうが，子どもが悪いわけではありません。長い目で見ると，子どもたちは主体的になることにつながっているのです。

　わたしたちが授業中に判断する場面は他にもたくさんあります。
・子どもの発言が「まちがい」だと思ったとき
・子どもがまだ習っていない算数用語を口にしたとき
・子どもが考えを伝えようとしたけど，どうしても伝わらないとき
・わかっている子どもが自分の考えを勢いよく言ったとき
・多くの子どもが誤答のまま納得しているとき
・多くの子どもに気づきを促したいとき　　　　　　　　　　　　　など

　算数の授業をしていると，教師が想定していなかった子どもの反応が出てくることがたくさんあります。このような場面でも，わたしたちは一瞬で判断をして，子どもたちに向けて，何かしらの言葉を発しています。その言葉によって，その授業の流れも変わっていきますし，大きくとらえると，子どもたちの授業観も変わっていきます。

瞬時の「判断」に
かかわっていること

　算数授業の中で，わたしはどのような言葉を言おうかと，瞬時に判断
をしており，この判断には大きく4つのことがかかわっています。判断
の基準となるものです。

判断の基準1　「どんな授業**場面**か」
判断の基準2　「どの**対象**に向けて話すか」
判断の基準3　「どの**役割**の言葉を使うか」
判断の基準4　「どんな**目的**のために言葉を選択するか」

◆判断の基準1
「どんな授業場面か」

　どんな授業場面なのかということは，判断に一番大きくかかわってい
ると言えます。例えば，「ある子どもが発表したけれど，その内容がま
ちがえだったとき」と「ある子どもが発表したけれど，内容が難しくて
まわりの子どもたちが理解できていなかったとき」では，子どもが発表
した後に，教師がなんと言うのかは大きく変わってきます。

◆判断の基準2
「どの対象に向けて話すか」

　どの「対象の子ども」に向けて話しているのかも，とても大切になり
ます。困っている子どもに向けて話すときもあれば，あえてわかってい
る子どもだけに向けて話しかけるときもあります。語りかける対象が変
われば，教師の言葉も変わります。

◆判断の基準3
「どの役割の言葉を使うか」

　算数の授業でわたしが使っている言葉にはいくつかの役割がありま
す。わたしは，大きく4つの役割に分類しています。「子どもと算数をつ
なぐ役割」「子どもと子どもをつなぐ役割」「子どもに寄り添う役割
「教師が授業の設計をする役割」。この4つの中でも，わたしは主に前の
2つの役割の言葉を使っています。

◆判断の基準4
「どんな目的のために言葉を選択するか」

　子どもと算数をつなげるために，数に着目させるときもあれば，子ど
もと子どもをつなげるために，聴くことを意識させるときもあります。
どんな目的のために言葉を選択するのかをしっかりと考えることは大切
です。

　ただし，これらの判断は短い時間で行っているものであり，形式的な
ものではありません。日頃のご自身の言葉を意識するための観点にして
いただければ幸いです。意識するだけで，きっと授業中の教師の言葉は
変わっていきます。その結果，子どもも変わっていくということです。

子どもの様子 ➡ 教師の判断の基準 ➡ 教師の言葉

発言内容／つぶやき／表情／仕草／体の動き／心の機微 ― 場面の判断／対象の判断／役割の判断／目的の判断 ➡ 教師の言葉

判断の基準1
どんな授業場面か

　教師が授業中に言葉を発するまでに，教師の判断の基準になっていることはどんなことなのかについて述べていきます。

　まずは，「どんな授業場面か」ということが大きく関係しています。日頃のことを思い出しながら，例を挙げますので，読者の先生方も想像してみてください。

> ⓐ：算数が苦手な子どもが，がんばって発表したけれど，発言した内容にまちがいがあった
>
> ⓘ：算数が得意な子どもが，がんばって発表したけれど，発言した内容にまちがいがあった

　ⓐの場面のように苦手な子どもがまちがえたときと，ⓘの場面のように得意な子どもがまちがえたときでは，わたしたち教師が一瞬で感じることは変わってきませんか。

　ⓐの場面は，「苦手なのによくがんばったな」「まわりから何か言われないようにフォローしたいな」「なんとかして，また発言できるようにしたいな」など，いろいろなことが頭をよぎると思います。

　ⓘの場面はどうでしょうか。「あれ，めずらしいな」「この子がまちがえているということはまわりの子どももまちがえているのかな」「どうしてまちがえたのかな」など，先ほどの場合と比べると，教師が考えることは異なると思います。

　教師が一瞬で考えたことが異なるということは，教師の言葉も変わってきます。授業場面によって，選択する言葉が変わってくるのは，このように，教師がある一瞬でどんなことを感じたのかがちがうからです。

> ⑤：ある子どもがそれまでには出てこなかった考え方について発言
> 　　したが，聞いていない子どもが何人かいた
> ⑥：ある子どもがそれまでには出てこなかった考え方について発言
> 　　し，ほとんどの子どもが聞いていたが，難しそうな顔をしてい
> 　　る子どもが何人かいた

　⑤の場面は，「せっかくいい考え方が出てきたのに聞いていないな」「友だちの話がきちんと聞けるようになってほしい」などと考えると思います。一方で⑥の場面は，「話がきちんと聞けているからえらいな」「○くんはきっとわかっていないな」「どこがわからなかったのかな」などと考えることでしょう。

　⑤の場面と⑥の場面では，同じように授業で出てほしい考え方が出てきたのですが，子どもたちに向けて言う教師の言葉は変わってきます。⑤の場面は，きちんと聞けるようになってほしいので，聞けるようにするための言葉を選択し，⑥の場面は困っている子どもたちがおいていかれないようにするための言葉を選択するようになります。

　どんな授業場面なのかによって，教師の言葉は大きく変わっていきます。

聞いていない子ども

難しそうな顔の子ども

判断の基準2
どの対象に向けて話すか

◆ 言葉の先の対象を考える

　教師は，授業中，何度も判断をしています。しかし，その判断はどのようにすべきなのでしょうか。そのひとつとして，言葉の先の「対象」について考えるということが大切になります。

　算数の授業をしていると，教師は口癖のように，**「わかった？」**という言葉を発することがあります。

　「わかった？」と尋ねると，「わかった！」と，元気よく返事が返ってくる場面が想像できると思います。わたしたち自身が子どものときの担任の先生がこのような言葉を使っていたのかもしれません。わたしも教師になってから算数の時間には，気がついたら，「わかった？」と子どもたちに尋ねていたように思います。

　この言葉はだれに向かって言っている言葉なのでしょうか。

　若いときのわたしは，なんとなく「全員」に向けて使っているつもりだったと記憶しています。しかし，この「わかった？」という言葉に反応できる子どもは，わかっている子どもたちです。わかっていない子どもは「わかった！」と言うことはできません。

　教師は，全員に向かって言っていると思っていても，一部の子どもしかその言葉に反応することができないということです。

　例えば，右のページの図のようにクッキーが並んでいたときのクッキーの数を子どもたちに尋ねたとします。12枚あるということがわかった後に，「式で表すことができます」と言って，手を挙げる子どもがいました。

そして，その子は次のような式を言いました。

「4×4−2×2＝12」

この子どもの式を聞いて，まん中にもクッキーがあると考えて4×4をして，本当はない2×2をひくという考えだと，教師はすぐにわかるでしょう。

この後，仮に，「今の式の意味，わかった？」と，子どもたちに尋ねたとします。この場面で「わかった！」と返事ができるのは，この考えがわかっている子どもだけです。または，本当はわかっていないけど，みんなが言っているから勢いで同調している子どもです。

この場面で「わかった？」と尋ねるということは，結果的に，わかっている子どもを対象にして言葉を発しているということになります。そして，この言葉をきっかけにして，この授業は少しの時間，わかっている子ども中心の授業になっていきます。

しかし，私は，全員で考えていく展開でこそ，子ども達の主体性が育っていくと考えています。つまり，この場面で「わかった？」と尋ねる教師の判断は，あまりよい判断ではないということです。「わかった？」という言葉を使うときに，教師が言葉の対象を考えていないとすると，わかっている子どもたち中心の授業になっていくことが予想できます。

教師は，だれに向かって言葉を発しているのかということを考えなければなりません。配り物を配ってほしいときに，「だれか手伝ってくれない？」と言っても，多くの子どもは動きません。これは，自分に向けて言っているわけではないと，子どもたちが思うからです。

わたしたちは，授業中に言葉を選択するとき，言葉の先にはどんな子どもたちがいるのか，その「対象」について考えないといけないのです。

判断の基準2
どの対象に向けて話すか

◆対象が変われば言葉も変わる

　授業中，言葉を選択するとき，どんな「対象」の子どもに向けて言葉を発するのか判断することはとても大切になります。なんとなく全員に向けて言葉を発していると，いつまでも授業は変わっていきません。

　わたしたちは授業中，どんな「対象」に向けて言葉を発しているのか，まずは考えてみましょう。

教師の言葉の対象
①全員
②わかっている子ども
③わかったと思っている子ども
④わかっていない子ども
⑤発表した子ども
⑥うなずいた子ども
⑦つぶやいた子ども
⑧首をひねった子ども
⑨困っている子ども
⑩友だちの話をしっかりと聴いている子ども
⑪友だちの話を聞いていない子ども
⑫話の途中で割り込んでくる子ども
⑬友だちの考えに付け加えようとしている子ども
⑭きまりに気付いた子ども
⑮きまりに気付いていない子ども
⑯数や図形の構成要素に着目している子ども
⑰ぼんやりと黒板を見ている子ども　　　　　　　　　など

　どんな「対象」の子どもに向けて話しているのかと，少し具体的に考えてみると，左のページのように，いろいろと思い浮かんできます。

　友だちの発言を聞いて，「うなずいた子ども」に向ける言葉と，「首をひねった子ども」に向ける言葉はちがうはずです。「きまりに気付いた子ども」と「きまりに気付いていない子ども」にも同じようにちがう言葉があるはずです。

　もちろん，一人一人すべての子どもに個別の言葉をかけることはできません。しかし，わたしは，子どもたちの機微を見取り，言葉を選択して，子どもたちと授業を創っていきたいと思っています。そのためには，自分がどの「対象」の子どもに向けて言葉をかけようとしているのか，瞬時に判断していく必要があります。

　左のページに示した例はほんの一部です。読者の先生方も，授業をされているとき，「今の自分の言葉は一体だれに向けて言ったのかな？」と考えてみてください。そのように考えていくことで，授業は変わっていきます。

（何て言おうかな？）

首をひねる子ども　　うなずいた子ども

判断の基準3
どの役割の言葉を使うか

　どんな授業場面なのかによって，わたしたち教師が使う言葉は変わります。授業場面によって，どんな役割のある言葉を使うべきなのかを考えて，判断していかないといけません。

　算数の授業ではどんな役割のある言葉を使っているのでしょうか。

　わたしは自分が算数の授業で使っている言葉には，大きく4つの役割があると思っています。

教師の言葉の役割
A．子どもと算数をつなぐ役割
B．子どもと子どもをつなぐ役割
C．子どもに寄り添う役割
D．教師が授業を設計する役割

　算数の授業をしているので，わたしたちは必ず「A．子どもと算数をつなぐ役割」の言葉を使っています。授業中のほとんどの言葉がこれにあたると思います。授業の中で，子どもたちが何の話をしているのかがわからなくなったとき，式の数に着目させたり，図形の構成要素に着目させたりします。他にも，授業場面によっては，既習の内容を想起させることもあります。子どもたちと算数をつなげるために，教師は多くの言葉を子どもたちに向けて発しています。

　しかし，それだけではありません。わたしたちは算数の授業をしているのですが，授業をしながら子どもと子どもをつなごうとしています。

　算数の授業をしていると，数学的な見方・考え方が多様に出てきます。多様な見方・考え方が出るということは，自分にはない見方・考え方も出てくるということです。自分の中になかったことを考えるということは，大人でも難しいことです。そのため，算数の授業では，友だちの言った考え方がわからなくなるということがよく起こります。

　だからこそ，子どもと子どもをしっかりとつなげていく必要があるのです。子ども同士がお互いの考えを理解することができるように，授業の中で「B．子どもと子どもをつなぐ役割」の言葉も意識して使っていかなければなりません。算数の授業の中では，子どもと子どもをつなげていくことが教師の大きな仕事になってきます。

　算数は，「わかる」「わからない」がはっきりとする教科です。子どもたちの中には，授業中に「『わからない』と言ってはいけない」と思っている子どももいることでしょう。ある子どもが発言したときに，何の話をしているのかがわからないままだと，その子どもはわからないままになってしまいます。しかし，自分から「○ちゃん，今のところがわからないからもう一回言ってくれる？」などと言う子どもはなかなかいません。子どもたちが「わからない」と言いやすくなるように，「C．子どもに寄り添う役割」の言葉も意識して使っていきたいところです。

　それから，わたしは「D．教師が授業を設計する役割」の言葉もよく使っています。授業の中で子どもたちの様子を見取ることはとても重要です。教室の中でどのくらいの子どもが自分の考えを持てているのか，どのくらいの子どもが友だちの考えを理解しているのかなどを見取り，その後，授業をどう進めていけばよいのか考えます。

　授業場面に対して，このような4つの役割のある言葉を意識して使い分けて授業を進めていくと，授業改善につながっていきます。

判断の基準4
どんな目的のために言葉を選択するか

◆「子どもと算数をつなぐ役割」の言葉の目的

　前のページで「子どもと算数をつなぐ役割」の言葉があると述べました。算数の授業なので，わたしたちは算数に関係のある言葉を必ず使っています。子どもたちの見え方が変わるようにするためや，数学的な見方・考え方を育むためなど，授業の中で多くの言葉を使っています。

　例えば，5年「小数のかけ算」の導入として，次のような問題を出した場面で解説します。

---

1 m 80円のリボンがあります。
□ mのとき，リボンは何円でしょう？

　問題を提示した後，
　「□がどんな数だったら，簡単にリボンのねだんがわかる？」 と，子どもたちに尋ねました。

　このように尋ねたのは，ただなんとなくではありません。このように尋ねると，80×2や80×10という式が出てきます。つまり，この言葉の目的は子どもたちに「既習内容を想起させるため」です。

　4年「垂直・平行と四角形」の単元の終盤で，右のように少しずつ上に重ねた紙を右にずらしながら四角形を見せていきました。そして，

　「この四角形は正方形？」 と，子どもたちに尋ねました。このようにわざとちがうことを尋ねることで，子どもたちの話し合いは活発になり

ます。「正方形のはずがない」と言い，角に着目していきます。「平行四辺形かもしれないし，台形かもしれないし，ひし形かもしれない」などと話を始めます。そして，子どもたちは辺の長さや辺の位置関係にも着目していきました。この場合，この言葉の目的は「図形の構成要素に着目させるため」ということになります。このように，わたしたちは授業のはじめから終わりまで，子どもたちと算数をつなげる言葉を使っています。

　算数の授業なので，すべてが算数と関係があると言ってしまえばそれまでなのですが，どんなものがあるのか，目的について整理しました。

「子どもと算数をつなぐ役割」の言葉の目的
①数に着目させる目的
②図形の構成要素に着目させる目的
③まとまりに着目させる目的
④2つの数量関係に着目させる目的
⑤データの特徴に着目させる目的
⑥数が表す意味を問う目的
⑦図が表す意味を問う目的
⑧グラフが表す意味を問う目的
⑨既習内容を想起させる目的
⑩表現を促す目的
⑪思考を促す目的
⑫考えを引き出す目的
⑬根拠を問う目的
⑭意図を問う目的
⑮課題を焦点化する目的
⑯発展的に考えられるようにする目的　　　　　　　　　　　　　　など

　問題提示の後の発問だけではなく，教師はあらゆる場面で子どもと算数をつなげようとしています。①～⑮の言葉だけではないのですが，このような目的があると意識してみると，授業が変わっていくはずです。

判断の基準4
どんな目的のために言葉を選択するか

◆「子どもと子どもをつなぐ役割」の言葉の目的

　授業をしていると，子どもたちは教師に向かって話したがります。

　手を挙げて指名された後，黒板の前に出てきて，説明しようとするのですが，そのとき，子どもは教師を見て話します。「教師に聞いてほしい」という思いをもっているのだと思いますが，こんなとき，子ども同士をつなげていく必要があります。

　「みんなに向かって話してくれる？」と，発表している子どもに言うことがあります。これは，発表している子どもに，聞いている子どもを意識させるためです。

　算数の授業では，多様な見方・考え方が出てきます。自分になかった数学的な見方・考え方に触れることで子どもたちの資質・能力は育まれていきます。子どもたちには，友だちのすてきな見方・考え方をどんどん吸収してほしいですよね。そのためには，子ども同士をつなげていくことが大切になっていきます。

　子どもと子どもをつなげる「言葉」にもいくつかの目的があります。

「子どもと子どもをつなぐ役割」の言葉の目的

①聴くことを意識させる目的

②情動的共感を促す目的

③認知的共感を促す目的

④友だちの考えを考えさせる目的　など

---

①聴くことを意識させる

> Aちゃん，
> 今どんな気持ち？

②情動的共感を促す

> 先生は
> わからなかったから，
> もう一回言ってくれる？

③認知的共感を促す

> Bちゃんは
> どんなことに困って
> いるんだと思う？

④友だちの考えを考えさせる

> どうして
> 分けようと
> 思ったの？

◆ 聴くことを意識させる目的

　子どもと子どもをつなげていくためには，まずは「聴く」ことを意識させることが重要です。

　子どもたちが友だちの話を聞いていない場合，教師が直接的に指導するのではなく，話を聞いてもらえなかった子どもにどんな気持ちだったかを，伝えてもらうといいです。

「Aちゃんは何て言ってた？」（教師）
「……」（話を聞いていなかった子ども）
「Aちゃん，今，どんな気持ち？」（教師）
「悲しい」（話を聞いてもらえていなかったAちゃん）

　発表した子どもがアイメッセージとして，相手に気持ちを伝えていくということです。詳しくは，拙著『算数授業を子どもと創る』（東洋館出版社）をご覧いただけると幸いです。

◆ 情動的共感を促す目的

お互いの話を聴くことができる子ども・集団になれば，次は，共感できる子ども・集団をめざしていきます。

「共感」には一般的に，「情動的共感」と「認知的共感」というものがあります。前者は，心による共感になります。「あの人は大丈夫かな？」と，困っている人に対して，温かい気持ちをもっている状態と言えます。一方，後者は頭による共感になっています。「目の前の人は何に困っているのか」というように，困っている内容に着目して共感していると捉えられます。仮に，ある場面で「式の意味がわからない」というAくんがいた場合に，まわりの子どもたちがどのように感じるのかということは，とても大切になってきます。

「自分はわかっているから，早く授業を進めてほしい」と思う子どもばかりでは，教室の雰囲気は悪くなっていきます。そのように考えると，認知的共感よりも先に情動的共感を育む必要があることがわかります。

ある事象に対して，わからなくて困っている友だちがいたときに，「Aくん，大丈夫かな。ぼくに教えられることはあるかな？」と，温かい気持ちをもつことで子ども同士のつながりが生まれてきます。

そして，「何に困っているのか」「どこがわからないのか」「困っていることに対して，どのように説明するとよいのか」と，認知的共感をしていくことで，子ども同士のつながりはさらに深まっていきます。

では，どうすれば情動的共感がある子どもや集団になるのでしょうか。大前提として，教師がそのような温かさをもっていなければなりません。そのために，教師は自分の使っている言葉で，どんな対象の子どもが反応しているのかということを考えておく必要があります。子どもの発表の内容が難しい場合は，

「先生はわからなかったから，もう一回言ってくれる？」
「今のは難しかったんじゃない？」

「Bくんはどうだった？」など，困っている子どもたちの心情のことを考えて言葉を選んでいきます。困っている子どもたちの気持ちを少しでも楽にしていくことが教師の大切な仕事となります。教師がこのように困っている子どものことを大切にしていくことで，多くの子どもたちが自分のことだけではなく，教室で困っている子どものことも意識し始めます。

◆ 認知的共感を促す目的

　情動的共感とは別に「友だちは，何に困っているのか」について考えられる子どもを育てていきます。「式の意味がわかっているのか」「図の意味がわかっているのか」「計算はできているのか」「みんなが見ている数を見てるのか」と，考えていくことで，認知的に共感できるようになっていきます。つまり，教師は，

　「Aちゃんはどんなことに困っているんだと思う？」
　「だれかがわからないとすれば，どこが難しいんだろう？」
　「まちがえそうなところはどこかな？」と，言っていくとよいということです。このように尋ねることで，具体的な式や数が出てきます。出てきた式や数に着目していくと，多くの子どもたちが困っている内容に共感してきます。

◆ 友だちの考えを考えさせる目的

　4年「わり算」の授業で，「48このクッキーを3人で同じ数ずつ分けます。一人分はいくつになりますか」という問題を出したときのことです。Aくんが答えを出すために，「クッキーを30こと18こに分けて考えました」と言いました。そこで，
　「どうして分けようと思ったの？」と尋ねました。「分ける」という考え方はとてもよいと思います。ここで大切にしたいのは，その子どもが「どうして分けようとしたのか」ということを，周りの子どもにも考えてほしいということです。このような言葉も意識して使っていくとよいです。

判断の基準4
どんな目的のために言葉を選択するか

◆「子どもに寄り添う役割」の言葉の目的

　わたしは，教師の言葉によって子どもたちの受けとめ方は大きく変わっていくと思っています。

　算数の時間には，子どもたちがまちがえることや，わからなくなることが多くの場面で出てきます。そんなとき，子どもたちは困ってしまうと思います。教師は，困っている子どもに対して寄り添うことが大切です。算数の時間には，意識して，子どもに寄り添う言葉も使っていきたいです。

「子どもに寄り添う役割」の言葉の目的
①心のハードルを下げる目的
②子どもに付き合う目的

◆心のハードルを下げる目的

　算数という教科の特性として，多くの場面で「わかる」「わからない」がはっきりしてしまいます。

　例えば，

- ・どんな式になるのかがわからない
- ・どうしてその式になったのかがわからない
- ・式の中に出てくる数が何を表しているのかがわからない
- ・式を作ることはできたが計算の仕方がわからない
- ・答えをどのように書けばよいのかがわからない
- ・図の意味が分からない

・友だちの説明がわからない

このように，子どもたちは算数の授業中に「わからない」という状況になっています。そんなときに，「わかった？」と教師から言われると，わかっていない子どもたちは反応できなくなります。

だから，子どもたちの心のハードルを下げて，子どもたちが思っていることを言いやすくしていく必要があるのです。

「今のは難しかったね」と言われると，「うん。ちょっと難しかった」と言いやすくなります。それは，「難しい」ということに教師が共感してくれていると，子どもたちが感じるからです。

子どもたちが「わからない」「難しかった」「もう一回言ってほしい」などと言えるようにするためには，心のハードルを下げていく必要があります。「今の話は，先生もわからなかったな」「あれ？　今，どんな話をしてたの？　だれか教えてくれる？」など，教師も困っているということがわかるような発言をすることも大切です。

子どもたちをしっかりと見て，心のハードルを下げることを意識していくと，授業に参加できる子どもの数が増えていきます。

◆子どもに付き合う目的

子どもの発言を聞いていると「どうして急にそんなことを言うのかな」「あっ，まちがったことを言っているな」と思うことがあります。そんなとき，すぐに正しいことを教えたくなります。しかし，どうしてそんなことを考えたのか聞いてみたり，最後までその子に付き合ったりすることで，教師にも見えていなかったことにたどり着くことがあります。

「たしかにこれでできるね」など，子どもたちが言ったことに対して，しっかりと付き合うことも大切です。

判断の基準4
どんな目的のために言葉を選択するか

◆「教師が授業を設計する役割」の言葉の目的

　算数の授業中，授業を設計するための言葉もよく使っています。

　授業を組み立てていくためには，子どもたちがどのようなことを考えているのか，考えていないのか，困っているのかなど，子どもたちの状況を見取る必要があります。また，考えているとしたら，どんなことを考えているのかも見取る必要があります。

「教師が授業を設計する役割」の言葉の目的
①子どもの状況を見取る目的
②子どもの思考を見取る目的

◆ 子どもの状況を見取る目的

　例えば，6年「円の面積」の単元で，右のように一辺が20 cmの正方形の中にある色のついた部分の合計の面積を求めるときに，ある子どもが，「式は20×20÷4で求められます」と言ったとします。

　確かにその子どもの言ったことは正しいのですが，果たして，どのくらいの子どもがこの式の意味がわかっているのかは，教師にはわかりません。

　この場面でわたしは，その後の展開をどうするのかを考えるために，子どもたちがどのくらいこの式についてわかっているのか，または，わかっていないのかを見取るために，

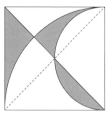

　「この式じゃあ，求められないでしょ」と言いました。このように言うと，「求められる」と思っている子どもは「えっ，求められるよ！」と大きな声で言いますし，「よくわからない」と思っている子どもは，「うん，よくわからない」と反応しやすくなります。

　このようにして，子どもたちの状況を見取り，その後の授業をどうするのか，次の一手を考えていきます。つまり算数の授業では，子どもたちは「わかっているのか」それとも「わかっていないのか」，「どこに困っているのか」などを見取るための言葉が，必要になってくるということです。

◆ 子どもの思考を見取る目的

　「どうやって考えたか，となりの友だちと話してごらん」と，ペアで話し合わせて，子どもたちがどんなことを考えているのか，話している内容を聞き，見取ることもよくします。ペア学習を仕組むときには，いろいろな目的がありますが，どんなことを考えているのかを見取るときには，ペアで話し合わせることは有効です。ペア学習の他の目的については，拙著『算数授業を子どもと創る』（東洋館出版社）に書いているので，ご覧いただけると幸いです。

　「自分が考えていることをノートに書いてみよう」と言い，考えていることをノートに書かせることもあります。ノートに書かせることによって，その子どもがどんなことを考えているのかを見取ることができます。どんな式を使おうとしているのか，どんな図で考えようとしているのかなどがわかります。

教師の判断の「役割」と「目的」

　言葉の役割についてはA〜Dの4つに分けました。
　それぞれの言葉の目的については，A〜Dの役割の中でさらに種類に分けました。

役割A. 子どもと算数をつなぐ役割

①数に着目させる目的
②図形の構成要素に着目させる目的
③まとまりに着目させる目的
④2つの数量関係に着目させる目的
⑤データの特徴に着目させる目的
⑥数が表す意味を問う目的
⑦図が表す意味を問う目的
⑧グラフが表す意味を問う目的
⑨既習内容を想起させる目的
⑩表現を促す目的
⑪思考を促す目的
⑫考えを引き出す目的
⑬根拠を問う目的
⑭意図を問う目的
⑮課題を焦点化する目的
⑯発展的に考えられるようにする目的　　　　　　　など

役割 B. 子どもと子どもをつなぐ役割

①聴くことを意識させる目的
②情動的共感を促す目的
③認知的共感を促す目的
④友だちの考えを考えさせる目的　　　　　　　　など

役割 C. 子どもに寄り添う役割

①心のハードルを下げる目的
②子どもに付き合う目的

役割 D. 教師が授業を設計する役割

①子どもの状況を見取る目的
②子どもの思考を見取る目的

「どんな目的のために言葉を発するのか，考えてから言葉を言わないといけない」と言いたいわけではありません。そうではなく，ここに示しているようなことを意識して，算数の授業で，教師自身が言葉の引き出しを増やしていきたいと考えているのです。

　どんな「場面」かによって教師の判断が変わること，どの「対象」に向かって話すのか，どんな「役割」の言葉があるのか，どんな「目的」のためにどの言葉を選択するのか，と考えながら日々の授業で言葉を選んでいけば，子どもたちの反応は変わっていきます。

　第2章では，ある授業場面について，具体的に述べていきます。
　教師の判断によって，その後の授業展開がどのようになっていくのか。読者の皆様も考えながら読み進めていただければと思います。

私，今日の先生の授業の進め方，きらいです。

瀬尾

　見出しは，数年前5年生を担任していた時に，ある子どもから言われた言葉です。今思い出しても，なかなかに衝撃的な，そして重たい言葉だなと思います。

　当時の私は，その日の授業は，正直「うまくいった」と思っていました。本時で大切にしたい考え方も，子どもから出てきましたし，よく盛り上がりました。一人の子どもから出てきた意見をみんなで解釈し，「なるほど！」とみんな納得しました。学級全体に笑顔があふれ，楽しい授業になった……と思っていたのです。

　でも，その子にとっては，そうではありませんでした。その子は授業中，必死に手を挙げていました。今思えば，きっとその子どもにとって，みんなに伝えたい大発見があったに違いありません。しかし，私はその子どもを当てませんでした。

　判断理由は，少なくとも3つはあったと記憶しています。

1. その子は普段からよく発表する子どもで，発表しようとしている内容が特殊だった。
2. その子の隣で，普段なかなか発表しない子どもが手を挙げていた。
3. しかも，隣の子どもの考えは，今日の授業のねらいを達成するためのナイスアイディアであり，教師にとっても全員に理解させたいものだった。

　これらの状況から，私は迷わず隣の子を当てました。その子の意見を解釈して全員が納得できるまで話し合おう！　全員が納得するためには時間がかかるだろうけど，その子のアイディアに今日はとことん付き合おう！　そう考えました。

　どうでしょう。こう書くと，とても教師として正しいことを言っているような気になります。みなさんなら，どうされるでしょうか。
　その授業では，私の予想通り，隣の子の意見を解釈していると時間が無くなりました。最後，その子が発表できずにくやしそうな顔をして下を向いたのを今でも覚えています。授業後にその子に話をしにいくと，「私，今日の先生の授業の進め方，きらいです。」と言われました。目には涙を浮かべていました。
　「先生はいつも一つの意見を大切にして付き合うじゃないですか。それは分かるけど，私がやりたいのはそれじゃなかった。」

　申し訳ない気持ちと，仕方ないじゃないかという言い訳が，私の頭の中をぐるぐる回りました。しかし，悔しくて涙を流すくらい一生懸命考えていた子どもの思いに応えられなかったことは，まぎれもない事実です。私は，一つの意見を大切にするという言い訳を盾にして，教師にとって都合のいい言葉だけを扱い，子どもの自由度の少ない授業展開をつくっていました。
　そして，それは，その子どもにしてみれば，不公平だと感じたのでしょう。当然のことです。
　その時の私は「正しい」判断をしたと思っていましたが，「正しい」判断なんてものは，そもそも無いのだと思います。

この本には，この会のメンバーがこれまで教師として大切にしてきた言葉や判断の一例が書かれています。それはこれまで教師として自分が大切にしてきた子どもとのかかわり方であり，自分の授業観や教育観と呼べるもの，そのものであると思います。

　ですが，身も蓋もないことを言うと，この本に書かれている言葉を使っても，おそらく，全く同じ授業展開になることはないと思います。それは，目の前の子どもたちが違うから。そして，この本を読んでおられる先生方お一人お一人のキャラクター，子どもとの関係，教師として大切にしておられることが違うからです。

　だからこそ私たちは，子どもへの応じ方や授業の展開の仕方にたくさんの選択肢をもち，目の前の子どものために，その時ベストだと思える判断を積み重ね，子どもから学んでいく必要があるのだと思っています。

　あの言葉をもらって数年。私の中には，ずっと５年生のあの子がいて，私の判断を助けてくれます。あの子に叱られないように，私ももっともっと自分の判断力を磨いていきたいと思っています。

2章

算数授業での
教師の判断力

01

図形を見て
つぶやいたときの判断

5年「合同」／ 瀬尾

授業の場面

　5年生「合同」の学習の導入場面でのことです。

　まず，三角形A(下図参照) を黒板に貼りました。続いて，封筒を提示し，その中から三角形Bを取り出していきます。子どもたちには，「封筒から出てくる三角形Bが，三角形Aと形も大きさもぴったり同じなら当たりです」と伝えました。

　封筒から三角形Bをゆっくり取り出していきます。三角形を取り出している途中に，たくさんの子どもたちから「もうわかった！」「絶対ちがう形だ！」と声が上がりました。

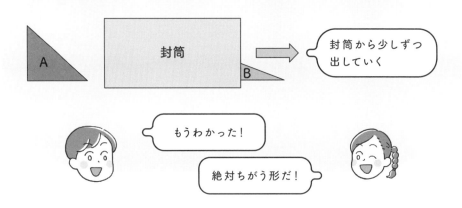

「絶対ちがう」というのは相当自信があるときにしか出てこない言葉です。確認してみると、この時、学級のほぼ全員が「同じ形ではない」と確信しているようでした。

　しかし、直感的に同じ形ではないと判断したからといって、その理由を説明できるとは限りません。大切なのは、子どもたちが図形のどの構成要素を見て、「同じ形ではない」と判断しているのかを自覚させることです。

　クラスは盛り上がっています。この時、わたしは子どもたちのつぶやきに対して、どう反応するか、あるいは反応しないのか、判断する必要がありました。

この後，何て言いますか？

……。
（反応はしない。
まずは図形を全部見せる。）

え？
まだ全部見えてないから，
わからないでしょ？

どこを見て
絶対ちがうと思ったの？

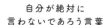

子どもの状況を見取る
（全員を対象・教師が授業の設計をする役割）

「……。」
（何も言わずに図形を全部見せる。）

　授業において，教師は子どものつぶやきにあえて何も言わないという選択肢を取ることもあります。図形を最後まで見せることで，子どもたちは図形全体を見比べて判断することができるようになります。

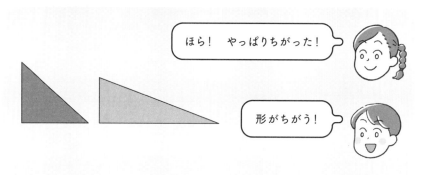

ほら！　やっぱりちがった！

形がちがう！

このようにしたときのことを考えてみよう

　三角形を最後まで見せることで，同じ形かどうか判断する材料が増えます。しかし一方で，辺の長さ，角の大きさ，面積等,2つの三角形のちがうところが多すぎるために，「形がちがう」という曖昧な説明になってしまうことも考えられます。

　封筒から出している最中，子どもたちがつぶやいていた時は，「角の大きさ」という図形の構成要素に着目し，ちがう形だと判断していたはずです。子どもたちの着眼点が絞られていることで，説明がしやすくなることもあります。

心のハードルを下げる
（全員を対象・子どもに寄り添う役割）

え？　まだ全部見えてないから，わからないでしょ？

「もうわかった！」という子どもに応じた言葉になりますが，対象は学級全員です。この言葉には，「まだ全部見えてないんだからわからなくて当然だ」というニュアンスが含まれており，まだ判断できていない子どもに寄り添った言い方になっています。

このように言ったときのことを考えてみよう

　まだ判断できていない子どもは，「そうだそうだ」と頷き，判断できている子どもは，「いや，わかる！」と逆に説明意欲を増すような反応をすることが予想できます。答えられなくて当然，という回答のハードルを下げる言葉ですから，その後説明しやすくなることも考えられます。

　また，教師が「全部見てないのに」と言うことで，逆に「ここさえ見ればわかる」と，子どもが自分の着眼点に気付く効果も期待できます。

図形の構成要素に着目させる

（わかっている子どもを対象・子どもと算数をつなぐ役割）

どこを見て
絶対ちがうと思ったの？

　子どもが三角形のどの構成要素に着目して判断したのか，自分の判断の根拠を見つめ直すことができるようにするための声かけです。「どうして，絶対ちがうと思ったの？」と問うこともできますが，「どこを見て……」と問う方が，より焦点化した問い方になります。

どこを見て，
絶対ちがうと思ったの？

こっちの方が
とがってるから。

角の大きさがちがう！

このように言ったときのことを考えてみよう

　このように問うと，ちがう形だと判断していた子どもたちも反応がいくつかに分かれます。「角の大きさです」と自分が着目した構成要素を説明できる子どももいれば，無言になり，どう説明したらいいかじっと考える子どももいます。「三角形の先の形がちがう」等，曖昧な表現で説明する子どももいるので，ペア等で意見を交流すると，自分が言いたいこと，見ていたものがだんだん的確な言葉になっていくことが期待できます。

教材について

2つの図形がぴったりと重なるとき，すなわち形も大きさも同じであるとき，この2つの図形は合同であると言い，対応する辺や角の大きさはそれぞれ等しくなります。

合同の学習に限らず，図形領域の学習ではいつも，図形を構成する要素や「図形間の関係」に着目することが重要です。どの構成要素や関係に着目しているのか，どんな性質を基にして考えているのかを明確にすることで，子どもたちの図形に対する見方が鍛えられ，論理的な説明ができるようになります。

教師の判断プラスα

「判断1」にあるように，「何も言わずに図形を全部見せる」ということは，わたしもしません。

算数の授業をしていると，たくさん発表をする子どもとそうでない子どもに分かれてしまうことがよくあります。たくさん発表をする子どもは，勢いよく自分の考えを言って終わるのですが，聞いている子どもたちはポカンとしていて，何の話をしていたのかがわからないということがしばしば起こります。その一つの原因として，発表している子どもが「どこ」の話をしているのかがわかっていないということが考えられます。

何も言わずに全部見せてしまうと，「どこ」の話をしているのかがわからなく子どもがたくさん出てきそうです。この場面ではまず，封筒から出てきた角度について話していきたいところです。

〔森本〕

02

２通りのグラフが出たときの判断

３年「ぼうグラフと表」／大林

授業の場面

　３年生の棒グラフの学習場面です。１年生との交流会を企画する中で，どんな遊びをするかについては１年生と３年生の希望者の合計が１番多い遊びにすることになりました。そこで，右の表のようなアンケート結果をもとに，１枚の紙にグラフで表し，交流会の企画書に添付することにしました。子どもたちがどんなグラフで表すことができるのかを考えたところ，２つのグラフが発表されました。

１・３年生のすきな遊び（人）

	１年生	３年生
おにごっこ	10	4
じんとり	8	14
長なわ	7	1
ドッジボール	4	10
その他	1	1

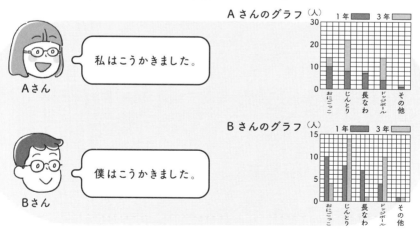

Aさん　私はこうかきました。

Aさんのグラフ

Bさん　僕はこうかきました。

Bさんのグラフ

　Aさんのグラフは1年生と3年生のデータを積み上げたグラフ，Bさんのグラフは1年生と3年生のデータを横に並べたグラフでした。

　Aさんのグラフも，Bさんのグラフもどちらも正しくかけていました。しかし私は，交流会の企画書に添付するという目的に照らした場合に，「よりふさわしいグラフはどちらなのか」について，子どもたちと考えたくなりました。そこで，この2つのグラフを比較することにしました。

　このとき，どのように問い返すべきかを考えました。

この後，何て言いますか？

どっちもいいよね。
それぞれのグラフのいいところは
どこですか？

2つのグラフは何が違いますか？
隣の人と話してみて？

2つのグラフは，それぞれ
どんなときに使えそうですか？

表現を促す
（全員を対象・子どもと算数をつなぐ役割）

> # どっちもいいよね。それぞれのグラフの
> # いいところはどこですか？

　このように問えば，発表した子どもは教師に認められた事に安心感を覚え，友達からよいところを発表してもらうことで自己肯定感も高まるでしょう。

> Aさんのグラフは，
> じんとりが1番多いことが，
> すぐにわかります。

> Bさんのグラフは，
> 1年生と3年生の数が
> それぞれよくわかります。

このように言ったときのことを考えてみよう

　子どもの意見を大切にすることは重要です。しかし，今回のケースは企画書に添付するという目的が明確にあります。そのため1番希望者が多い遊びをよりわかりやすく表現しているグラフを見いだす必要があります。そのためには，2つのグラフを比較し，分析・考察する活動を行うべきです。教師が子どもの意見を並列に扱ってしまうと，子どもたちはそれらを別々に捉えてしまい，比較しようとはしません。子ども主体の授業とはいえ，何でも「いいね」というのは考えものです。

グラフが表す意味を問う
（全員を対象・子どもと算数をつなぐ役割）

2つのグラフは何が違いますか？
隣の人と話してみて？

　このように問えば，子どもたちはそれぞれのグラフを見て，グラフの形状，目盛り，項目などグラフの構造に着目し，2つのグラフを多面的・批判的に比較しながらその違いについて話し合うでしょう。

Aさんのグラフは，
1年生と3年生の人数が
上に積み上げてあるね。

Bさんのグラフは，
1年生と3年生の人数が
横に並べてあるね。

このように言ったときのことを考えてみよう

　子どもの意見が発表された時に，「なんとなく」発表を聞いている子はいませんか？　今回は，Aさんのグラフも Bさんのグラフもグラフとしてはまちがっていませんので，「いいと思いまーす」という言葉で安易に受け入れられてしまいそうです。しかし，今回取り上げた場面では，グラフが正確にかけているかどうかではなく，グラフ自体がどのような構造になっているかに着目させる必要があります。グラフを多面的・批判的に見る姿勢をつくるために，隣の人との話し合いを促すことは有効です。

思考を促す

（全員を対象・子どもと算数をつなぐ役割）

2つのグラフは，それぞれどんなときに使えそうですか？

　このように問えば，AさんのグラフとBさんのグラフがどのような状況で使用されると有効かについて，使用される状況や目的と照らし合わせながら話し合いが行われることが予想されます。

> Aさんのグラフは，
> 人数の合計をぱっと見て
> 比べたいときに使えそう。

> Bさんのグラフは，
> 人数の差をぱっと見て
> 比べたいときに使えそう。

このように言ったときのことを考えてみよう

　そもそも今回取り上げた場面は，「1番希望者が多い遊びを示す」という目的のためにどんなグラフで表すかについて考えています。ですからBさんのグラフよりもAさんのグラフの方が目的と照らし合わせたときには適していると言えます。グラフなどを扱う場合には，読み方やかき方について理解するだけでなく，その使い方を考えたり，使えるかどうかを判断したりする活動が必要です。そのような活動を設定することで，学びを生活に生かそうとする態度につなげましょう。

教材について

　本単元は，「1年生との交流会」の計画を立て，最終的には1年生に対して交流会のよりよい企画書を示す（プレゼンする）という単元のゴールを設定しました。その意図は，データの活用領域では，他領域にも増して，子どもが目的意識を明確にもち，問題解決の過程を多面的・批判的に考察する活動が重要になるからです。例えば，グラフを用いる良さとして「ぱっと見てわかる」ということがありますが，これは口頭で教えただけでは子どもたちは実感しません。そこには明確な目的意識や相手意識と具体的な状況がひも付けられた実際の体験が必須です。また，グラフの使い方を実感したり，そのグラフが適切かどうかを判断できるようになったりするためには，実際に使って比較してみるなど，多面的・批判的に見直す機会が必要です。本物の文脈の中で統計的な問題解決のプロセスをたどり，自ら生きて働く知識を獲得してほしいと願います。

教師の判断プラスα

　AさんのグラフもBさんのグラフもよく目にすることがあります。Aさんのグラフは「1年生と3年生の和」が見えやすいグラフです。一方で，Bさんのグラフは「1年生と3年生の差」が見えやすいグラフです。まずは，教師がこのようなグラフの特徴を知っておく必要があります。

　その上で，「判断2」にあるように，子どもたちが「ちがい」について考えられるようにしたいですね。この2つのグラフから，3年生の子どもたちが，和と差について着目して，それぞれのグラフのよさについて学ぶことができるようにしたいものです。

　3年生の段階で，グラフの表し方によるちがいについて考えられれば，4年生以降の「データの活用」領域の学びも深くなっていくはずです。

〔森本〕

未習の用語が 出たときの判断

6年「図形の拡大・縮小」／桑原

授業の場面

　6年生「図形の拡大と縮小」の単元の導入です。子ども達には,「⑦と同じ形を見つけよう」と投げかけました。同じ形と言っても解釈の仕方は様々です。全てがぴったりと重なる合同の意味で捉えている子どもはいませんでした。辺の長さや角の大きさ等様々な視点で図形を見ていきます。「1つだけですか?」,「1つだけじゃないよ」と言いながら子ども達は見つけていきました。重ねてみて,角の大きさが⑦とⓘ・⑦は同じだけど,⑦は違う。⑦とⓘ・⑦は,二等辺三角形だけど⑦は違う等自分の考えを話し始め,子ども達は理解しているようでした。

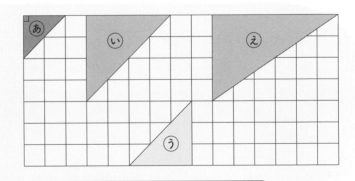

　ⓘと⑦は,⑦を拡大したものです!

　するとある子どもが「いとうは，あを拡大したものです」と言いました。あと同じ形を何が同じかを考えながら探していた子ども達にその言葉は突然すぎました。発表した子には，同じ形＝拡大・縮小した形ということが見えていたのでしょうか。もしかしたら，聞いたことのある言葉をただ言っただけかもしれません。知っている子が，先行知識を発表する場面も結構ありますが，発表した子が算数用語としての拡大の意味で言ったのかどうかもこの発言だけでは判断できませんでした。拡大という言葉を聞いたことのある子どもは多いと思いますが，この場面で考えている「同じ形」が「拡大」ということだと瞬時に判断できる子はほとんどいませんでした。多くの子は反応ができていません。発表した子にその意味を問うのか，周りの子にどういう意味かを問えばいいのか，はたまた別の視点での問いにするのか，私はこの場面で迷いました。

この後，何て言いますか？

拡大ってどういうこと？

拡大っていう言葉，
聞いたことある？

えは違うの？

表現を促す
（わかっている子どもを対象・子どもと算数をつなぐ役割）

拡大ってどういうこと？

　算数用語としてではない，日常語としての「拡大」のイメージがあるので，多くの子はこの言葉を聞いたことがあると答えると思います。教師は，日常語としての「拡大」と算数用語としての「拡大」の解釈をすり合わせたくてこういう問い方をしますが，日常語としての「拡大」の意味を説明するのもかなり難易度が高いです。

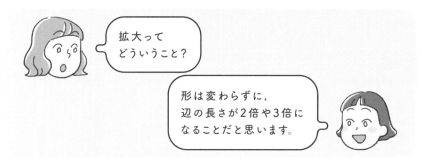

拡大って
どういうこと？

形は変わらずに，
辺の長さが2倍や3倍に
なることだと思います。

このように言ったときのことを考えてみよう

　これまでに子ども達は，2つの辺の長さが同じことや重ねるとぴったり重なることから角の大きさが同じということには気付いていました。でも，2倍，3倍という表現はこれまでのやり取りで出てきていません。多くの子達は，大きくなる＝倍と思っていないので，突然出てきた言葉に戸惑い，置いてけぼりになってしまいます。扱っている図形の解釈ではなく，この子の思っている「拡大」の意味を全員で解釈していくという時間になります。

心のハードルを下げる
（全員を対象・子どもに寄り添う役割）

拡大っていう言葉，聞いたことある？

「判断1」の言葉だと戸惑う子どもも，この問い方なら反応ができると思いませんか？　言葉の意味を説明するのではなく，聞いたことがあるかないかなので，多くの子どもにとって答えやすい問い方です。そして説明は求めていませんが，知っている子は本で見た！　テレビで聞いた！　以外にも，具体的な場面でのこの言葉の使い方を思い出すかもしれません。

あるよ！　理科で顕微鏡を使った時に聞いた！

聞いたことないと思っていたけど，そう言われれば聞いたことあったな……。

このように言ったときのことを考えてみよう

理科で顕微鏡を使う，虫眼鏡で手相を見る，スマホのピンチアウト等，具体的な場面を思い出して「拡大」のイメージを持たせることができます。聞いたことないと思っていても，友達の話を聞いて思い出す子もいるでしょう。イメージを共有してから，算数用語としての拡大・縮小を定義づけると日常生活と算数を結びつけることができます。

根拠を問う

（全員を対象・子どもと算数をつなぐ役割）

ⓔは違うの？

「拡大」＝「何かを大きくしたもの」と想像していた子達にとって，ⓔを意識させることにより，ただ大きくすることとは違うという感覚を持たせることができます。広い意味での拡大から，算数用語としての拡大に近づけていくための一歩です。感覚を言葉にしていくためのきっかけになる言葉です。

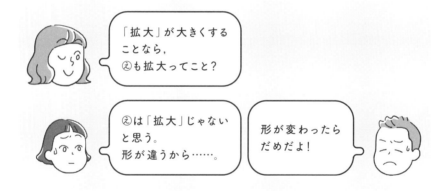

> 「拡大」が大きくすることなら，
> ⓔも拡大ってこと？

> ⓔは「拡大」じゃないと思う。
> 形が違うから……。

> 形が変わったらだめだよ！

このように言ったときのことを考えてみよう

　漠然としたイメージの子に，「拡大」ってどういうことだろうと再度思考を促す問い方です。何となくⓔは違うと思うけど，ⓘやⓤとどう違うのかイメージを言語化していくためのきっかけとなります。形が違うという言葉をきっかけに，再度角の大きさや辺の長さの比に着目し，子どもの言葉を使って拡大・縮小の言葉の意味を確認することができます。

教材について

　本校が使用している教科書は，第1時で二等辺三角形を扱っています。他の教科書は，直角三角形が1社，台形が2社，五角形（家の形）が2社と扱っている図形が違います。単元の中盤でこれまでに学んだ図形（二等辺三角形や長方形等）について，拡大図と縮図の関係になっているか調べる学習がありました。前年度授業を受けもった6年生は，直角三角形はどのような直角三角形であっても拡大図と縮図の関係になっていると多くの児童が答えました。直角だけに着目して，何となくのイメージで答えたのだとは思います。そういった児童の実態を考えて，導入時に直角二等辺三角形で考えさせることで，一部の構成要素だけにとらわれない豊かな図形の見方が養われるのではないかと考えました。

教師の判断プラス α

　先行知識のある子どもはどこの学校にもいます。先行知識があることは決して悪いことではありません。その子どもたちは，別の時間にがんばっているのですから。

　ただし，教師が問いかけていない内容に対して，「先行知識を言いたい」と思って言う子どもがいるとすれば，そこはルールを確認した方がいいです。その授業の流れに沿っていないと，他の子どもたちは何を言っているのかがわからなくなるからです。

　この実践では，「判断1」にあるように，「拡大ってどういうこと？」と尋ねると，先行知識がある子どもたちがその知識を説明する場面につながることが想像できます。それは，もともと考えていた「ⓐと同じ形をみつける」という話題よりも，話題が少し先にいってしまっていると思います。　　　　〔森本〕

子どもの発言が「まちがい」だと思ったときの判断

2年「ひき算の筆算」／ 岡本

授業の場面

　2年生と繰り下がりのひき算の学習をしていたときのことです。
「3けた－2けた」のひき算で，繰り下がりが2回ある筆算（百の位から十の位へ，十の位から一の位へ繰り下がる場合）の仕方を考える場面でした。様々な筆算づくりをしていたところ，100－99が話題となりました。答えを出すのは子どもたちにとっては簡単でした。

　ところが，**「100－99の筆算をどのようにすればよいのか」**については，話がちがっていました。

> こうやって
> 百の位から
> 繰り下げます。

$$\begin{array}{r} \overset{0\quad\ 1}{100} \\ -\ \ 99 \\ \hline \end{array}$$

　どのように筆算をすればよいのか説明してもらおうと思い，ある子ど
もを指名しました。

　すると，その子どもは，左下のように百の位から十の位に繰り下げる
のではなく，百の位から一の位に繰り下げるように矢印をかきました。
わたしが想定していた百の位から十の位へ，十の位から一の位へ繰り下
げる考えとはちがいました。このとき，どのように言えばよいのか，迷
い，困ってしまいました。なぜなら，私はこの考えは「まちがい」と判
断したからです。

この後，何て言いますか？

こういうときは，
百の位から一の位ではなく，
十の位に繰り下げようね。

たしかに，これでできるね。

（ひく数が100じゃなくて）
どんな数なら
もう少し簡単になるのかな？

数に着目させる
（発表した子どもを対象・子どもと算数をつなぐ役割）

こういうときは，百の位から一の位ではなく，十の位に繰り下げようね。

　教師は，子どものまちがいや失敗を目の当たりにすると修正したくなってしまいます。これは，責任感や愛情があること，そして，自分の教え方に対して不安を感じるからではないでしょうか。修正したくなる気持ちを我慢できずに，教師が教えていては学習に対して受け身の子どもを育てることにつながりかねません。

こういうときは，
百の位から一の位ではなく，
十の位に繰り下げようね。

はい。
わかりました。

このように言ったときのことを考えてみよう

　教師が教えることによって，子どもたちは，「そうか，百の位から一の位に繰り下げるんじゃなくて，十の位に繰り下げればいいんだ」と思うでしょう。しかし，教師がこのように言うことで，子どもたちが考える機会は確実に減っていきます。

判断 2

子どもに付き合う

（全員を対象・子どもに寄り添う役割）

たしかに，これでできるね。

　まちがいへの気付きと新たな方法の創造を促すことができます。まちがっていることに自ら気付き修正していくことで確かな理解につながります。子どもの発言には何か意味があると思ってそのまま付き合ってみると，実は教師にとっても新たな発見があるものです。

このように言ったときのことを考えてみよう

　子どもの発言にそのまま共感し，進めることで，「あれ，おかしい」といった気付きや「これでもできるんじゃないの？」といった新たな発見につなげることができます。このまま進めてみると，一の位はひくことができますが，十の位はひけなくなってしまい，繰り下がりの仕方がまちがっていたことに子ども自らが気付くことができます。

数に着目させる
（わかっていない子どもを対象・子どもと算数をつなぐ役割）

（ひく数が100じゃなくて，）
どんな数ならもう少し簡単になるのかな？

　百の位から一の位へと繰り下げた子どもにとって，2回繰り下がりの
ある筆算は難しかったのです。そこで，被減数や減数を子どもに委ねる
ことによって，問題を簡単にすることを認めてみます。「少し簡単に」
という言葉が既習の考え方を引き出します。

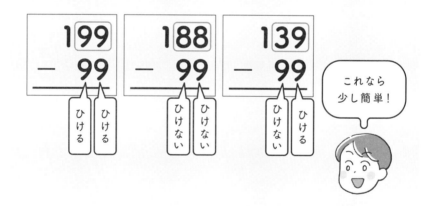

このように言ったときのことを考えてみよう

　例えば，199－99，188－99，139－99の3つを子どもが言ったとしま
す。199－99は繰り下がりがないので簡単すぎます。188－99は100－99
と変わりありません。では，139－99はどうでしょう。繰り下がりは1回
で少し簡単になります。既習をもとに，筆算を進める展開へとつながり
ます。

教材について

　本実践で扱った筆算づくりのように被減数と減数を子どもが自由に決めて計算をする活動には多くの価値があります。

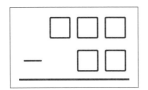

　一つ目は，多様な問題に出合うことができるということです。友達のつくった筆算が自分にとっての新たな問題となることもあります。

　二つ目は，自分で数を決めているために，与えられた問題よりも意欲的に取り組むことができることです。子どもは，筆算づくりの過程において，難易度を自分で調整します。もちろん，教師が「みんなが難しい（簡単）と思う筆算をつくろう」と投げかければ，子どもは，繰り下がりの有無を考えながら筆算をつくることでしょう。筆算づくりを通して，アルゴリズムの考えを学んでいくことができます。

教師の判断プラスα

　「判断2」のように，「子どもに付き合う」ということは簡単なことではありません。とても聞こえはよいのですが，教師がどんなときでも「子どもに付き合う」ということをしていては時間がいくらあっても足らなくなります。

　授業の中で，子どもたちの数学的な見方・考え方が育まれそうなときには，しっかりと時間を費やし，付き合うことが大切になります。この実践の場面も，数学的な見方・考え方が育まれるタイミングだと言えます。

　ただなんとなく，形式で百の位から一の位に繰り下げている子どもに，「100からいくつくり下げたの？」と，子どもが数に着目するような言葉かけをしてもおもしろいと思います。〔森本〕

05

子どもが困っているときの判断

5年「図形の角」／新城

授業の場面

　5年「図形の角」の学習をしたときのことです。子どもたちは円周上に5つの頂点をとり、その頂点を直線で結び一人一人違う五角形をつくりました。そして、全員が五角形をつくったことを確認した後、「五角形の角の大きさの和は何度でしょうか？」と尋ねました。しばらく自力思考を行った後、ある子が次のように呟きました。

Aさん

> 直線は何本引けばいいのかな……。

　わたしは、この子が何に困っているのかが理解できました。
　Aさんは前時の学習を想起し、図形の中に直線を引くことで、五角形の角の大きさの和を求めようと考えていたのです。

　前時に行った四角形の角の大きさの和では，直線を 1 本引き，四角形を三角形 2 つに分けました。そして，三角形の内角の和が180°であることを基に，180×2＝360 と求めることができました。

　また，直線を 2 本引き，三角形を 4 つに分けた後，余分な角の大きさを取り除くことで，180×4−360＝360 と求めることもできました。

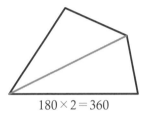
180×2＝360

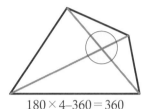
180×4−360＝360

　つまりAさんは，「直線を引いたら角の大きさの和を求めることができる」と知ってはいましたが，どのように引いたらよいのか，また，何本引いたらよいのかわからずに困っていたのです。

　また，学級にはAさんと同様の理由で困っている子が数名いました。

この後，何て言いますか？

直線は何本引けばいいのかな？

何本引いても，
角の大きさの和はわからないでしょ。

なぜAさんは，直線の本数が
気になるのかな？

根拠を問う
（わかっている子どもを対象・子どもと算数をつなぐ役割）

直線は何本引けばいいのかな？

　このように問えば，子どもたちは「何本の直線を引けばいいのか」，また「どんな既習の図形の内角の和をもとにするのか」を考え，説明することが予想できます。

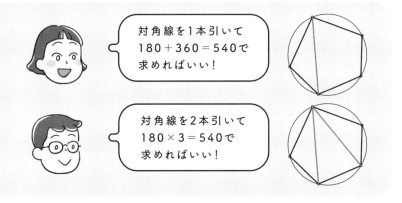

対角線を1本引いて
180＋360＝540で
求めればいい！

対角線を2本引いて
180×3＝540で
求めればいい！

このように言ったときのことを考えてみよう

　しかし，上記のように答えることができる子は，直線を引く意味がわかっており，既習の内角の和の知識をもとに，演繹的に説明できる子です。呟きを表出したAさんを含め，多くの子は「なぜ直線を引きたいのか」そして「なぜ，直線の本数を尋ねるのか」ということを理解してはいません。ですから「直線は何本引けばいいの？」と問うことは，わかる子を中心に授業を進めることになり，さらに，わからない子との理解や意欲の差を広げることになります。

子どもの状況を見取る
（全員を対象・教師が授業を設計する役割）

何本引いても，角の大きさの和は
わからないでしょ。

　教師が意図的に「直線を引く行為」を否定することで，直線を引く意義がわからない子の立場に立つことができます。そうすることで，直線を引くことの「価値」を他の子どもはムキになって説明するでしょう。

直線を1本引くことで，三角形と四角形に分けることができるでしょ。だから180＋360で五角形は540°になる！

このように言ったときのことを考えてみよう

「何本引いても，角の大きさの和はわからないでしょ」と否定することで，「わかる！」という子どもと「どうして直線を引くの？」と首を傾げる子の2つの反応が現れるでしょう。後者が多ければ，教師が右図のように直線を一本引き「五角形に直線を引くと四角形と四角形に分かれるから，角の大きさの和は360×2＝720になりますね」と揺さぶります。

　子どもは「720°になることはありえない」と反論しながら，余分な角を取り除き，360×2−180＝540になることを説明するでしょう。

　このようなやりとりを経て，子どもは，何のために直線を引くのか，そして引き方によって，基にする既習の図形が違うことに気付くでしょう。

認知的共感を促す
（全員を対象・子どもと子どもをつなぐ役割）

なぜAさんは，
直線の本数が気になるのかな？

「なぜ，Aさんは直線の本数が気になるのかな？」と問い返し，Aさんの呟きの意味を全員で解釈する展開とします。そうすることで，Aさんがこのようにしようと思った背景や理由を顕在化させます。

　直線を引こうと考えた着想はどこから得たのか，そして，なぜ直線を引きたいのかの根拠と理由を語るでしょう。

四角形のときは，直線を1本か2本
引くことで求めることができたでしょ。

同じように直線を引いて分けたら，習った図形
の角の和を使って求めることができると考えた
かもね。

このように言ったときのことを考えてみよう

　Aさんのように，なんとなく直線を引いて考えた子も，そもそもこのような見方・考え方を働かせていなかった子も，全員が何のために直線を引くのかという価値を見出し，共有することができます。

　さらに，右図のような直線の引き方を取り上げることで，既習のどの図形に着目すれば，簡潔・明瞭・的確か，という視点で求め方を洗練していくこともできます。

教材について

　多角形を三角形に分割する考え方は，多角形の作図とも結びつけることができます。合同な図形の作図では四角形の作図までで留めていますが，本時の学習後に四角形の作図の仕方から多角形の作図に発展させることもできます。また，面積の学習では，四角形（平行四辺形・台形・ひし形）を三角形に分割する見方・考え方を働かせる場面があります。

　多角形の内角の和については，中学2年でも扱うことになっています。ここでは，多角形を三角形に分割することで多角形の内角の和を導き出し，その和をnを用いた式で一般的に表すことをねらいとしています。

　このように，本時の学習で働かせた見方・考え方は，他の単元や学年，中学校数学でも活かされる，汎用的な見方・考え方となります。

教師の判断プラス α

　子どもたちは，わたしたちが授業の中で使っている言葉に対して，素直に反応しようとしています。

「判断1」にある「直線は何本引けばいいのかな？」という言葉に対して，手を挙げて発言できる子どもは，すでに自分の考えを持っている子どもたちだけです。つまり，教師のこの発言は，わかっている子どもを対象にしている言葉と言えます。いきなり，このように尋ねると学力差が開いてしまいそうです。

　この場面では，「そもそもどうして，直線を引こうとしているの？」「直線を引くと何かいいことがあるの？」と尋ねることが大切です。直線を引くことで，内角の和がわかっている形（三角形，四角形）が現れるというよさがあるということをしっかりと全員で共有したいです。　　　　　　　　　〔森本〕

友達の説明が
伝わらなかったときの判断

6年「分数のかけ算」　瀬尾

授業の場面

$\frac{4}{5} \times \frac{2}{3}$ の計算の仕方を考えたときのことです。

子どもたちにとって，分数×分数の計算の仕方は未習です。子どもたちはこれまでの学習を振り返り，分数やかけ算の性質，図等を用いて，一人一人が計算の仕方を考えました。そして，それぞれの考えを学級全体で交流した時，ある子どもが，「かけ算の性質」を用いた計算の仕方を説明しました。

説明した子は，下図のような式を黒板に書いて，説明しました。

$$\frac{4}{5} \times \frac{2}{3} = \frac{8}{15}$$
$$\qquad\quad \downarrow \times 3 \quad \uparrow \div 3$$
$$\frac{4}{5} \times 2 = \frac{8}{5}$$

> ここに3をかけて2にします。
> $\frac{4}{5} \times 2 = \frac{8}{5}$ だから，
> それを3でわって，
> $\frac{8}{15}$ になりました。

　クラスの反応は2つにわかれました。「そうそう！」と頷く子と，首を
かしげる子。多様な考え方ができる問題だからこそ，聞き手の子どもた
ちの実態も様々です。頷いていた子どもたちの多くは，同様に，「かけ
算の性質」を用いて計算の仕方を考えていた子どもたちでした。

　一方，首をかしげていたのは，それ以外の方法で考えていた子どもた
ちです。発表した子どもが書いた式は，学級の子どもたちにとっては馴
染みのある表現だったため，それを見て頷く子もいましたが，クラスの
半数の子どもたちは，説明が理解できず，無言になってしまいました。

この後，何て言いますか？

今の説明がわかったかどうか，
隣の人に説明してみましょう。

なんで3をかけたの？

今の説明，
どこまでわかった？

友達の考えを考えさせる
（全員を対象・子どもと子どもをつなぐ役割）

今の説明がわかったかどうか，隣の人に説明してみましょう。

　ペアや少人数で子どもの説明を解釈させる活動をしたいときの問い方です。子どもたちは，黒板を見ながら，隣の人にわかったことを説明しようとすることが予想できます。

わかるペア

> まず3をかけたら，$\frac{2}{3}$ が2になるでしょ……それから……。

わからないペア

> わからないね……。

このように言ったときのことを考えてみよう

　この場合，発表した子どもの説明が理解できた子ども同士のペアであれば，説明の内容を解釈し，わからない部分も互いに補完しながら，理解をより確かなものにすることができるでしょう。しかし一方で，説明が理解できなかった子ども同士のペアはどうでしょう。わからないのですから，おそらく説明はできません。学級は一見盛り上がっているように見えますが，ペアトークの目的次第では，理解できた子どもとできなかった子どもの差を広げるだけになってしまう危険性があります。

判断 2

意図を問う
（わかっている子どもを対象・子どもと算数をつなぐ役割）

なんで 3 をかけたの？

「3 をかける」理由に焦点化して問うことで，説明した子どもが「やりたかったこと」に着目させることができます。こう問うことで，説明した本人や，理解できた子どもたちが，その意図を語り始めます。

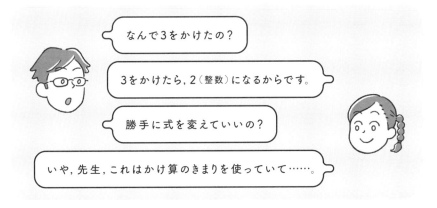

> なんで 3 をかけたの？
>
> 3 をかけたら，2（整数）になるからです。
>
> 勝手に式を変えていいの？
>
> いや，先生，これはかけ算のきまりを使っていて……。

このように言ったときのことを考えてみよう

「3 をかける」のは，かける数を整数にする，すなわち既習の計算できる形に変えたかったからです。その意図と，そのために用いた「かけ算の性質」の使い方について，わかっている子に問います。教師がわからない子どもの立場に立って質問をしていくことで，わからなかった子どもの内容の理解が進んでいきます。学級全体が話の内容に納得したら，ペアや少人数で，一人一人がわかったことを互いに表現し，解釈する時間を取ることで，理解はより確かなものになっていくでしょう。

課題を焦点化する
（困っている子どもを対象・子どもと算数をつなぐ役割）

今の説明，どこまでわかった？

　説明が理解できずに困っている子どもに対して，説明のどの部分がわからなかったのかを自覚させるための問いかけです。「どこがわからないのか，わからない」という状態の子どももいるため，説明の内容を順を追って振り返りながら，わかった部分とわからなかった部分を明らかにしていきます。

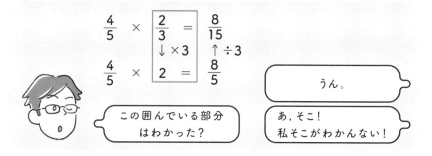

この囲んでいる部分はわかった？

うん。

あ，そこ！
私そこがわかんない！

このように言ったときのことを考えてみよう

　説明の内容の振り返り方も，多様な方法が考えられます。板書を指ししながら，一人一人がどこまでわかっているのか確認していくこともできますし，先ほど説明してくれた子どもに，もう一度説明してもらいながら，わからない箇所になったら合図を出す等の工夫をすることもできます。わからない箇所がはっきりすれば，あとは子どもたち同士で説明し合って解決することもできるでしょう。自分が「何がわからないか」に気付くことは，問題解決をする上でとても重要です。

教材について

分数の乗法や除法は，これまでの小学校生活で学んできた数の意味と表現，計算について成り立つ性質に着目することで，計算の仕方を考えていく，まさに小学校の四則計算のまとめとなる単元です。

子どもたちがどの性質に着目するかによって，導き出される計算の仕方は変わります。多面的に考える面白さがある一方，基にする考え方が子どもによってちがうため，互いの考え方を理解するのが難しいこともあります。子どもたちが何を基に考えているのか，その考えの基になるアイディアを共有することが重要です。

また，子どもの実態によっては，考え方の基となる既習の内容理解が不十分であることも考えられます。そのときには，前学年までの内容を振り返る等，子どもの実態に応じた教師のかかわりが大切になります。

教師の判断プラス α

「なんで3をかけたの？」と言ったときの教師の意図がとても大切だと思います。教師がわかっていない子どもの代わりに，「なんで3をかけたの？」と言っているのです。わかっていない子どもたちは，なかなか「わからない」とは言えません。この場面で，「どうして3をかけたのかな？」と思っていたけど，尋ねることができない子どももいたことでしょう。だから，教師がその子どもたちの代わりに尋ねてあげたのだと思います。

他にも，このような場面で「先生はよくわからなかったけど，どうして3をかけたの？」というように，「先生はよくわからなかった」という言葉を付け加えてもいいと思います。そのようにすると，子どもたちの心のハードルは下がっていくからです。

〔森本〕

⭕7

新しい考えが
出たときの判断

4年「角の大きさ」／森本

授業の場面

4年生と角の学習をしたときのことです。

わたしは，右のようなブロックを子どもたち
に見せて「ここの角度は何度でしょう？」とい
う問題を，子どもたちに出しました。分度器は
使わないことを告げ，「どうすればわかるか
な？」と問いかけました。

ここの角度は何度
でしょう。どうすれ
ばわかるかな？

こうすれば
わかります！

076

　ある子どもを指名すると，たくさんの同じブロックをぴったりと組み合わせて，左のページのように模様をつくりました。

　そして，その子どもは「こうすればわかります！」と勢いよく言いました。

　わたしはこの発言をした子どもの意図はすぐにわかりました。12このブロックをぴったりと組み合わせていたので，「360°を12でわる」という考えを伝えたかったのでしょう。

　わたしは，このとき，どのように言えばよいのか考えました。教室のどのくらいの子どもが「こうすればわかります！」と言った子どもの考えがわかったのかが，わからなかったからです。

この後，何て言いますか？

どうして
これでわかるの？

これじゃあ，
わからないでしょ。

1つの角度が知りたいのに，
どうしてこんなにたくさんの
ブロックがあるの？

判断 1 自分が絶対に言わないであろう言葉

根拠を問う
（わかっている子どもを対象・子どもと算数をつなぐ役割）

どうしてこれでわかるの？

　このように問えば，子どもたちは理由を答えようとします。ブロックが12こできれいにしきつめられることについて，子どもたちが説明し始めることが予想できます。

> ブロックが12こで，きれいにしきつめられているから，360÷12をすればいいです。

このように言ったときのことを考えてみよう

「どうして，これでわかるの？」という言葉に反応できる子どもはどんな子どもでしょうか。この言葉に反応できるのは，「こうすればわかります！」と言った子どもの考えがわかっている子どもだけです。わかっていない子どもは手を挙げることができません。ほとんどの子どもがわかっていれば，このように問うこともしますが，わかっていない子どもが多い場合は，学力差を生む原因にもなりかねないので，このように子どもたちに言うのは，あまりよいことではないと思っています。

子どもの状況を見取る
（全員を対象・教師が授業の設計をする役割）

これじゃあ，わからないでしょ。

「こうすればわかります！」という言葉に対して，「これじゃあ，わからないでしょ」と言うこともできます。教師が本当にわかっていないのではなく，わざとこのように言うということです。

このように言ったときのことを考えてみよう

「これじゃあ，わからないでしょ」と言うことによって，子どもたちの反応は大きく2つに分かれます。「わかる！」という子どもと「うん，よくわからない」とうなずく子どもです。よくわかっていない子どもが多くいることがわかれば，教師が「どこを見ればわかるの？」と，わかると言った子どもたちに問いかけます。すると，12このブロックが集まったところを見ればよいと言うでしょう。見るところがわかれば，多くの子どもたちが参加できるようになるはずです。

数に着目させる

（全員を対象・子どもと算数をつなぐ役割）

1つの角度が知りたいのに，どうして こんなにたくさんのブロックがあるの？

　このように問えば，子どもたちはブロックの数について話し始めることが予想できます。「どうしてたくさんあるの？」と問えば，ブロックが12こで360°になるという話題になるということです。

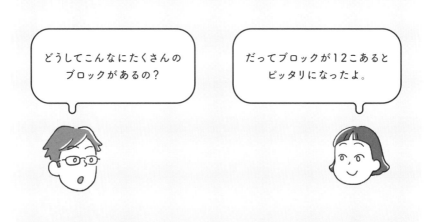

このように言ったときのことを考えてみよう

　このように問えば，多くの子どもたちがブロックの数に着目し始めます。友だちの考えを理解できない多くの子どもたちは，「どこを見たらよいのか」がわかっていないことが多いです。そのため，「12こ」という数や「360°」に着目しやすい言葉を選択することもできると思います。

教材について

　本実践では先が30°のパターンブロックを扱っていますが，この後に，先が60°のパターンブロックを子どもたちに見せて，「このブロックの先の角度は何度だと思う？」と尋ねました。

　すると，右の写真のように「さっきと同じようにしきつめたらわかるよ」と言った子どもがいました。

　このときは，「どうして，これでわかるの？」と問い返しました。

　発表した子どもは「さっきと同じように」と言い，30°のときに出てきた考え方と同じ考え方を紹介しました。同じ考え方を使っているので，わからないという子どもがほとんどいないと判断したので，「どうしてこれでわかるの？」と尋ねたのです。実際に，ほとんどの子どもが手を挙げて理由を説明しようとしました。

　同じ言葉でも，場面によって，子どもたちの感じ方は変わっていくと思います。

教師の判断プラスα

　わたしは，「判断2」にあるように「これじゃあ，わからないでしょ」とよく言うようにしていました。困っている子どもがいた場合，反応しやすくなるからです。ただ，発表した子どもの考えも大切にされるようにしなければいけません。発表した子ども，聞いていた子ども，両者を対象にして言葉を選ぶこともできます。「おもしろいね。でも，これじゃ角度はわからないんじゃない？」など，発表した子どもには「おもしろい」と言い，困っている子どもが反応しやすい言葉を付け加えることもできます。だれに向けて，どんな言葉を言えば多くの子どもが反応できるのかを考えると授業は変わっていきます。〔森本〕

08

一人の子どもから問いが
出たときの判断

6年「分数のかけ算」／岡本

授業の場面

分数×分数の学習で，次のような問題文を扱いました。

> 1分で$\frac{4}{5}$ m²塗ることのできるペンキ職人がいます。
> $\frac{\square}{3}$分で何m²塗ることができるのでしょうか。

　子どもが時間をいろいろと変え，比例数直線図を使って，式に表し，計算の仕方について考えていました。$\frac{1}{3}$分，$\frac{2}{3}$分と真分数をかける計算をし，分母どうし，分子どうしをかけるとよいことを見いだしていきました。すると，仮分数でも分母どうし，分子どうしをかけて計算してもよいのかといった話題になり，$\frac{10}{9}$分で何m²塗ることができるのか考えていきました。

$$\frac{4}{5} \times \frac{10}{9} = \frac{4 \times 10}{5 \times 9}$$

ななめに約分してもいいの？

$\dfrac{4}{5} \times \dfrac{10}{9}$ と立式し，計算していると，一人の子どもが「ななめに約分してもいいの？」とつぶやきました。左のページのように途中で約分をする際に，ななめで約分をしますが，このことが気になったようです。その時，周りの子どもは「なぜそんなことを聞くの？」と一瞬呆気にとられました。なぜなら，多くの子どもが「当然のように，ななめに約分してもよい」と思っていたにもかかわらず，一人の子どもが疑問をもち，表出したからです。

　この一人の子どもの素朴な疑問にどう向き合っていくか判断を迷いました。

この後，何て言いますか？

誰か説明できるかな？

どうしてそう思ったの？

○○さんが疑問に思ったのは
どうしてだと思う？

表現を促す
（わかっている子どもを対象・子どもと算数をつなぐ役割）

誰か説明できるかな？

　子どもが疑問を表出すると教師は，すぐに何とかしてあげたいという気持ちになります。この言葉は，困っている子どもを目の前にするとすぐに解決してあげたいという教師の温かさから出てくるものなのでしょう。

> 結局，最後に約分するから，途中でやっても同じことだよ。

> んー，それはわかるんだけど……。

このように言ったときのことを考えてみよう

　この言葉を投げかけたときに，反応できるのはわかっている子どもです。その子どもの説明によってすぐに全体では解決されるでしょう。しかし，疑問を表出した子どもが知りたいこととは，ズレてしまう可能性があります。なぜなら，解決を急ぎ，その疑問を発した思いに触れられていないからです。これでは，納得できないままで終わってしまいます。

判断 2

考えを引き出す
（つぶやいた子どもを対象・子どもと算数をつなぐ役割）

どうしてそう思ったの？

「ななめに約分してもいいの？」とつぶやいた子どもは，「ななめに約分してはいけない」と思っているなど，ななめに約分することに対して自分なりの思いをもっていると考えられます。反対に，自分の中に「これだったらいい」という約分の方法があるとも考えられます。疑問に思った理由を聞き，「いい」と思う方法を引き出し，子どもの納得につなげたいものです。

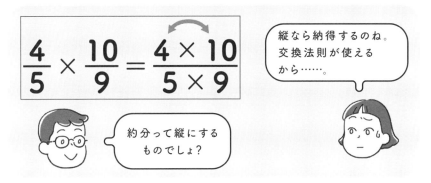

このように言ったときのことを考えてみよう

子どもが「いい」と思っている方法は，「約分は縦にする」ことでした。すると，子どもは疑問のもとになっていることを修正していくはずです。実際，「縦にも約分することができるよ」と交換法則を利用した説明へと続いていきました。この説明によって，「ななめに約分していいの？」という疑問がその子どもの納得の上での理解へとつながります。

認知的共感を促す

（全員を対象・子どもと子どもをつなぐ役割）

○○さんが疑問に思ったのは
どうしてだと思う？

　クラスの中で同じような疑問をもっているのは，一人だけでしょうか。全体へと表出はしていないけれど，実は，同じように疑問をもっている子どももきっといるはずです。また，「そう言われるとなんでだろう？」と立ち止まったことによって，新たな疑問となることもあります。

このように言ったときのことを考えてみよう

　一人の子どもがせっかく疑問に思ったことを表出したのであれば，全体の疑問として共有することが必要ではないでしょうか。一人の子どものつぶやきに全員で共感することで，一人の疑問が全体の疑問として共有されるはずです。共有された疑問について，全体で考えることは，他の場面や問題解決に必ずつながることでしょう。

教材について

　分数×分数の問題文としてペンキを塗る場面が登場します。その際，問題場面をイメージできずに困る子どもが多くいます。これは分数表現と量を表す単位にわかりにくさを感じるからであると考えます。分数表現に慣れていない上に，よく使われる単位は「dL」と「m²」です。苦手意識を感じている子どもも見かけます。分数表現を変えるわけにはいかないので，単位を子どもにとって身近で経過がわかりやすいものに変えます。「dL」（かさ）ではなく「分」（時間）を単位として扱いました。時間を単位にするだけで，子どもにとって基準である「1分」が意識しやすくなり，問題場面をイメージしやすくなります。事実，面積図の意味を捉え，かき表すことができる子どももが増えました。本授業場面にもお示ししたように，「ペンキ職人が一定の時間に塗れた面積を求める」という展開はいかがでしょうか。

教師の判断プラスα

　「判断3」にあるように，認知的共感を促すことはとても大切です。6年生という発達段階において，自分の素朴な疑問を表出することは簡単なことではありません。「ななめに約分してもいいの？」という発言の内容を考えてみても，この子どもは，先行知識があるわけでもありません。学校で素直に学ぼうとしている子どもだとわかります。わたしたちは，このような子どもを大切にしていくべきです。いつでも，一人の疑問を全体の疑問にしていかなければならないというわけではありません。どんな子どもがどんな内容のことに困っているのかということを踏まえて，一人の疑問を扱うのか，扱わないのかを，教師が判断していくとよいです。　　　　　〔森本〕

既習の内容でまちがったときの判断

6年「文字を用いた式」 福原

授業の場面

　単元の中盤, x, y で表された図から, 式や具体的な場面を考える時間を設定しました。始めに, 右のような線分図を板書し,「この図から, どんな式が見えますか。」と問いました。

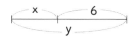

　① $x+6=y$, ② $y-x=6$, ③ $y-6=x$

　3つの式が, 子どもたちから出てくることを想定していました。しかし……。

Aくん：y÷6＝xです。

違うと思う。（ざわざわ）

どうして違うと思う？

yは全体ですよね。y÷6 は, yを6等分するってことだからこの図にはならない。

Bさん

088

　途中で思いもしない誤答が出てきました。問題提示後に話を戻します。まず，1人目の子どもが「$x+6=y$」と発言し，次の子は「$6+x=y$」。3人目の子どもは，「$y-6=x$」とひき算で表現しました。ここまでは予定通りの展開でした。

　しかし，次に出てきたのは「$y÷6=x$」です。すぐに数人の子どもが「違うと思う」と声を出しました。わたしは「違う」と思っている子が学級にどのくらいいるのか知りたいと思い，「『違う』っていう声が聞こえたけど，違うと思った人？」と聞きました。約半数の子どもが手を挙げたので，一人の子を指名し「どうして違うと思う？」とたずねました。Bさんはイラストの吹き出しのように説明し，Aくんは理解した様子でした。しかし，私は「違うと思った人？」という問いに対する学級の反応が鈍かったことがどうしても気になっていました。

この後，何て言いますか？

これはまちがいだったね。
他にどんな式が見える？

今，Bさんが言ったことを聞きとれた人？

じゃあ$y÷6=x$の式になる図ってどんな図？

表現を促す

（全員を対象・子どもと算数をつなぐ役割）

これはまちがいだったね。
他にどんな式が見える？

　このように展開すれば，先ほどの誤答はさらっと流され計画していた通りに授業が進むことが予想できます。しかし，教師がこのように発言することによって，Aくんと学級全体はどのような気持ちになるでしょうか。一度立ち止まって考えてみたいと思います。

> これ（Aくんの考え）は
> まちがいだったね。

> ……。

> まちがえたらどうしよう……。

このように言ったときのことを考えてみよう

　まちがいだったことは事実ですが，全体の場で「まちがい」と言われたら，大人でも気持ちが沈むのではないでしょうか。ここで大切にしたいことはAくんが「まちがったけど，次もまた頑張ろう！」と思えることだと考えています。また，このように展開していくことで，周りで聞いている子どもたちが全体の場での発言を恐れ始めることが考えられます。教師の発する言葉一つで，主体的な学びとは逆の方向へ向かいかねません。

判断 2

聞くことを意識させる
（友達の話を聞いている子どもを対象・子どもと子どもをつなぐ役割）

今，Bさんが言ったことを
聞きとれた人？

　一人の子どもが説明をしたとき，教師は理解度を確かめるために「今のBさんの言ったことはわかった？」と聞くことがあります。しかし，理解したかどうかは「白か黒か」のようにはっきりするものではありません。（んー，わかった気がするような……。）という子どもが必ずいます。そこで理解ではなく，まずは「聞きとれたかどうか」を問います。

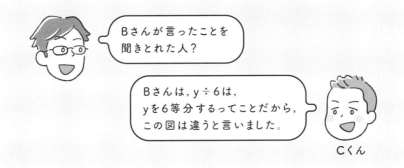

このように言ったときのことを考えてみよう

　きっと，イラストのように，他の子どもがもう一度同じ説明をします。「確かに$y÷6$は6等分だからこの図とは違うな」ともう一度聞くことによって理解する子どもが増えていきます。また，Cくんに対しては「よく聞いていたね」と価値づけ，学級全体に「聴く」ことの意識づけができます。「聞きとれた？」という問い方は「わかった？」と問うより反応しやすく，心のハードルが下がるのではないでしょうか。

図が表す意味を問う
（全員を対象・子どもと算数をつなぐ役割）

$y \div 6 = x$ の式になる図ってどんな図？

　このように問えば，子どもたちはどんな図になるのか考え始めます。

　$y \div 6 = x$ を表す線分図がはっきりすることで，初めに板書した線分図との違いが明確になり，理解が深まることが予想されます。

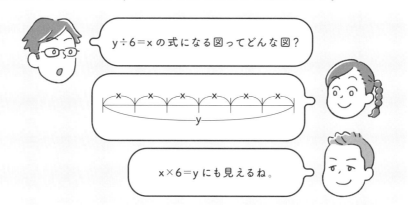

このように言ったときのことを考えてみよう

　実際の授業ではこのように展開しました。一人ずつにノートにかいてもらうと，6年生でも迷っている子どももいました。その後，どんな図になるのかを全体で確認する中で，$x \times 6 = y$ というかけ算の見方も出てきて，「$y \div 6 = x$」が表す図について改めて学ぶことができました。

　その後，Aくんのおかげでより深く考えることができたことを共有しました。計画通りには進みませんでしたが，このように誤答を生かしスパイラルに学ぶことが大切だと考えています。

教材について

線分図の指導は1年のブロック操作に始まり，子どもの抵抗が少ないように徐々にその形を変えていきます。線分図は立式や計算の手がかりとなります。また考えを他者に伝える際，聞き手の理解を促します。

図を使い，図と場面，式，言葉などをつなげて考えることで，子どもたちは深く理解することができるとともに，その過程で思考力や表現力が育成されます。

「図は役に立つ」と子ども自身が実感できるように指導することが大切です。

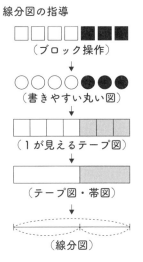

線分図の指導

（ブロック操作）

↓

（書きやすい丸い図）

↓

（1が見えるテープ図）

↓

（テープ図・帯図）

↓

（線分図）

教師の判断プラス α

授業をする前に，「子どもたちがどんな式を言いそうかな」と想定することも大切です。子どもたちがどんなことを言いそうかと，教師が考えておけば，子どもたちの考えていることに，寄り添いやすくなります。また，授業も構成しやすくなるでしょう。

「まちがい」と言われた子どもの気持ちについて書かれているところもありました。授業をしていく中で，わたしたち教師は，困っている子どもの味方になる必要があります。子どもたちが，「まちがったけど，次もがんばろう！」と思えるか，思えないかは，その瞬間に発せられた教師の言葉にかかっていると思います。

〔森本〕

10

誤答が出たときの判断

4年「小数」／桑原

授業の場面

4年生の小数の学習場面です。まず，4桁と3桁の数が入る□を書きました（図1）。そして，□の中に一つずつ数を入れると，どちらが大きいかを問います。小数の学習の中盤でしたので，整数なら（左は千の位まであるので）わかるけど，小数なら小数点の位置が

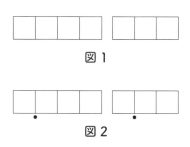

図1

図2

わからないと難しいと話していました。そこで，小数点の位置を決めました（図2）。右の方が大きいと話す子もいましたが，入れる数によってどちらが大きくなるかわからないと話し始めます。そこで……。

数字を書いていくね。
左から（一の位）と，
右から（$\frac{1}{1000}$ の位または $\frac{1}{100}$ の位），
どちらから書いてほしい？

どちらからでも
いいです！

　導入場面では，整数のときにどのような方法で数の大小比較をしたか確認済みです。ここは，すんなり左（一番大きい位）からと答えると思っていました。しかし，半数はどちらからでもよいという立場，あとの半数は，左から，右から，まだ結論が出ていないに分かれました。

　自信満々に話す子は，どちらからでもよいという立場の子達でした。この時点では，どの立場の子も，根拠が話せるのかどうかがわかりません。左（大きい位）から入れていけばよいという子達も何だか自信なさげです。右（小さい位）から入れても，結局はいちばん大きい位の数がわからなければ数の大小比較はできないということにすぐに気付きそうでもありませんでした。

　次に何と問えばよいか，何について考えさせればよいか悩みました。

この後，何て言いますか？

整数のときはどうだった？

どちらかわからないね。

どちらからでもいいなら
問題を解くのに便利だね。

既習内容を想起させる
（全員を対象・子どもと算数をつなぐ役割）

整数のときはどうだった？

　これが子ども達から出た言葉なら，整数のときはどうだったか，ならば小数のときはと考えることも一つの解決方法になると思います。しかし，教師がこの言葉を投げかけると，正しい解決方法に誘導している感じがしませんか。小さい位から比べても結局は大きい位を見てみないと数の大小はわからないのですが，根拠はそこではなく整数のときはこうだったからということになってしまっています。

整数のときは，大きい位から比べたね。

先生はなぜ突然，整数のときのことを聞いているのかな？

だったら，小数も同じかな？

このように言ったときのことを考えてみよう

　導入場面で整数の場合について考えていますから，すぐに左（大きい位）から比べたと話すでしょう。そのことが再考するきっかけになればいいのですが，だったら小数のときも同じかなと根拠もなく結論を出してしまうことも考えられます。

思考を促す
（全員を対象・子どもと算数をつなぐ役割）

どちらかわからないね。

　子どもの半数がどちらからでもよいと答えたので，どの考えも否定せずに，まずは寄り添ってみます。この時点ではおそらく明確な根拠を持って判断している子どもは少ないと考えられます。そこで，どれが正しいのかわからないから，みんなで確かめてみようということです。

このように言ったときのことを考えてみよう

　一の位（左）にとりあえず数を入れてみると，同じ数でなければこの時点ですぐに大小がわかります。同じ数だったとしても，十分の一の位を見ればわかります。しかし，一番右からだと最後の数（一の位）がわからなければ数の大小比較はできません。一番右から数を実際に入れていくことが大事です。整数のときはこうだったからでは，理解が深まらない子もいると思います。

表現を促す
（全員を対象・子どもと算数をつなぐ役割）

> # どちらからでもいいなら
> # 問題を解くのに便利だね。

　この言葉は，どの子の発言も否定していません。しかし，この言葉で終わりではなく，「このことを使って問題を解いてみようよ」と子ども達に投げかけます。そうすれば，一番小さい位から見ていっても，結局は一の位で決まるということに自分達で気付くことが予想されます。

このように言ったときのことを考えてみよう

　自分の考えでやってよいので，それぞれで解き始めます。右から見ていった子達に聞くと，一番右が大きな数でも，結局一の位を見るまではわからないと話します。左から見ていった子達に聞くと，今回は一の位と十分の一の位の数が同じだから百分の一の位を見ないとわからないけど，一の位だけ見ればわかるときもあると話すでしょう。どちらもやってみることで，大きい位から見ていくよさに気付くことができます。

教材について

1.51と1.57の大きさを比べるなら，どの児童にとってもそれほど難しくないと思います。桁数が揃っているからです。しかし，1.515と1.57となると同じようにはいきません。どうしても桁数の多さに目がいってしまいがちです。どこに着目すればよいか，どの数から比べていけばよいか，整数と同じように考えることができるかがポイントになってきます。0.001を1515個集めた数と，0.001を1570個集めた数と考えて比較する考え，数直線を利用する考え等，様々な見方・考え方があります。しかし，始めからその方法を全体で共有していくのは難しいと考えました。そこで，数をマスキングして提示し，様々な数を当てはめながら数の大小を考えていきました。1問で何問分にもなり，習熟もできます。

教師の判断プラス α

「判断3」にあるように，子どもたちに委ねることもときには大切になります。いつも，教師が言ったことをする受け身の子どもたちにはしたくありません。

まずは，自分で動くことができる子どもに育てていきたいです。はじめの一歩を進めることができれば，次の一歩が見えてくることがあります。

一番右の位からと思ったのであれば，一番右の位から自分で数を入れて確かめようとする。そんな子どもたちを育てていくためには，よい言葉かけだと思います。

〔森本〕

11

意味を理解しているか
曖昧なときの判断

6年「比例」　重松

授業の場面

比例を学習した子どもたちに下のような表を提示しました。
時間に比例する水の量の表です。

時間（分）	2	5	7	9	14	17	19
水量（L）			42				114

　表をわざと穴あきにし，その時間の水量を測り忘れたことを伝え，水を一定量出し続けていることから比例の関係だけれど，表を埋めることができるかを尋ねました。「1の水量がないから解けない」，「2倍・3倍ができない」などという声が出た中，ある子どもがこのような発言をしました。

> 42÷7=6で
> 114÷19=6だから
> 6を使えば表を
> 埋められそうです。

　今回ここで考えてほしかったのは，表を縦に見ることで発見できる比例定数です。この授業では“6”。比例というと，2倍，3倍しているからもう一方も……とやりがちなのですが，あえて2倍，3倍ができない表になっています。また，表では，1分の時の水量もなくし，時間に素数を置くことで横の見方を難しくしました。

　この発言した子はこういう見通しで解けるよ，と説明してくれましたが，わり算を使うこと，6についての意味が本当にわかっているかはこの説明では把握できませんでした。

この後，何て言いますか？

6がヒントになるのかも
しれないね。

何のために
わり算をしたんだろう？

表をどう見たの？
どうして？

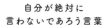
数に着目させる
（わかっていない子どもを対象・子どもと算数をつなぐ役割）

6がヒントになるのかもしれないね。

　子どもの意見に乗っかって揺さぶることもあります。先生が認めることで，自分の考えが発表者の考えと相違していた時に立ち止まって考えるからです。また，わからない子にとっては友だちと先生が言ってくれた言葉で"6"がヒントなら，とそこから考えるかもしれません。

> 6がヒントだと言っていたから，
> 全部時間の6倍をしたら
> 表がうまったよ。

このように言ったときのことを考えてみよう

「わり算をして6が出ていたから，逆に時間に6をかけて表を埋めることができました」と，みんなが表を埋めることができるようになるでしょう。しかし，この6が何を表していて，わり算をすることで出た数値がどうして他の数にも適用されるのかがわからないまま答えだけが出るので曖昧さが残り，理解したかが見とれないままになります。

根拠を問う

（全員を対象・子どもと算数をつなぐ役割）

何のためにわり算をしたんだろう？

　発表した子も含め，わり算をしたら6が出るというのは簡単にわかることでしょう。けれど，問題はそこではありません。"どうして"と尋ねるのもいいのですが，ここではわり算をすることで何の値を出したかったのかをはっきりさせることが必要です。

かけ算したら
おかしいから。

水の量はいつも時間の6倍に
なっていることがわかるから。

割ると，1分の時の
水の量が出るから。

このように言ったときのことを考えてみよう

　こう問うことで，子どもの曖昧さがはっきり現れます。1分当たりを考えようとした子，水の量は時間の6倍になると比の考えを使う子など，子どもたちがなぜわり算を選んだのかの根拠を出し合うことで，たまたまわり算で解けた子に対して見方を広げることができ，6の値が何を表しているかをはっきり示していけるようになります。

友だちの考えを考えさせる
（わからない子どもを対象・子どもと子どもをつなぐ役割）

表をどう見たの？　どうして？

　困りの中に「2倍,3倍できない」というつぶやきがあり，そのつぶやきの子どもは表を横でしか見えていないことがわかります。その子どもに表の見せ方と理由を伝える必要があります。必ずしも発表者でなくても，他の子に「表をどう見たと思う？」と尋ねて代わりに言わせてもいいと思います。

> この縦の部分の，7分と42 Lのところ。
> こう見ると，7の6倍になってるって
> わかるでしょう？
> 19分のところも114 Lで6倍だから，
> 常に6倍になってるってわかるよ。

このように言ったときのことを考えてみよう

　ただ縦を見た，だけでなく縦を見ると何が見えるのかをはっきりさせるための問いかけです。7分の時には42 Lになり,19分の時には114 Lになります。どの時も時間に対して6倍の数になっていることがわかれば，「時間：水量」は簡単な比で表すと「1：6」になることが分かります。1分増えるごとに6 Lずつ増えているなど，「6ってどこから来たの？」と問わずとも6が子どもの言葉で少しずつ整理されていきます。

教材について

『一方の数が2倍, 3倍になると, もう一方の数も2倍, 3倍になる』という表を横に見る見方(比例の定義)のみで比例を考えていた子どもに, 横の見方ができなくなった場合に表を縦に見て"決まった数"(比例定数)を出して比例を見ていくことができるように作った授業でした。

比例の『伴って変わる2つの数量があって, 対応する比が常に一定であること』という性質のことです。中学では一次関数($y=ax$)につながる場面として, その比例定数が一方の何を表しているのかを説明できるようにしました。

教師の判断プラス α

表の時間(分)のところに, あえて1(分)を入れていないことで, 子どもたちが「1分あたりの水の量」に着目しづらいようにしているのがおもしろいです。

このような見せ方をすることで, 子どもたちの思考の流れは変わっていきます。

時間(分)	1	2	5	7	9	14	17	19
水量(L)				42				114

もしも, 上のような表のように1を入れていれば, 子どもたちは, 「42÷7=6」という式を1分あたりの水量として見る見方が強くなったことでしょう。本時で考えたかった縦の見方が出てきたとしても, 理解がしづらくなったかもしれません。

子どもたちへの見せ方も大切な教師の判断の一つと言えます。

〔森本〕

12

誤答を活かしたいとき
の判断

5年「分数の意味と表し方」 重松

授業の場面

　分数の大きさを比べるときに異分母同士では比べられないことから，通分して解決を図る授業でした。既習から，同分母の場合は分子の大きさで比べることができる，ということを確認した後に『$\frac{3}{5}$ と $\frac{2}{3}$ を比べたらどちらが大きいか』という問いを投げかけると，子どもたちからさまざまな考えが出てきました。その中で出た「テープのような図を書くと，見て比べることができるよ」というAさんの図と発言からの場面です。

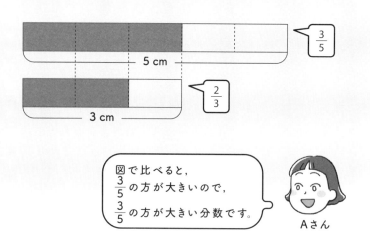

106

　Aさんは同じもので分けず「5 cmのうちの3 cm, 3 cmのうちの2 cm」というようにこの場面での, $\frac{3}{5}$ と $\frac{2}{3}$ という2つの分数が割合を表していることを理解できておらず, 基準量が異なっていたり, あるいは分子の数値がそのまま3 cmや2 cmという量をさしていたりなどのまちがった理解をしていました。基準量（テープ全体の長さ）をそろえないと, 分数同士の大小比較はできません。比べるものが同分母であったならばこの図でも比べることが可能です。分数をこのように捉えていた子どもも他にもいるかもしれません。私は, Aさんの発言のおかげで形式的ではなく, 分数という表記が表す, 数の概念をうまく全体に広げることができると思いました。

この後，何て言いますか？

テープの長さは
違っていいのかな？

本当だね！
図だと $\frac{3}{5}$ の方が大きいね。

どうやって考えたの？

図が表す意味を問う
（全員を対象・子どもと算数をつなぐ役割）

テープの長さは違っていいのかな？

　この授業で大事なのは"そろえる"ことです。異分母の分数比較では，子どもたちはそろえられないからこそそろえたいという気持ちになっています。その中で，テープの長さが違う図は子どもの目をそこにしっかりと向けることができるのでとてもいい発問のように思えます。

だめだよ！
同じものでそろえないと
比べられないよ。

このように言ったときのことを考えてみよう

　子どもたちからは必ず「だめ。できない」という言葉が出てくるでしょう。そう言わせる言葉だからです。目を向かせたい部分ではありますが，このテープの長さに注目する言葉は教師が言うのではなく，子どもから出てきてほしい言葉です。子どもと子どもをつなぎたいからこそ，子どもの考えを子どもが疑問で返すように仕向けたいので，教師は子どもが言いたくなるような声掛けが必要だと思います。

判断 2

考えを引き出す

（首をひねった子どもを対象・子どもと算数をつなぐ役割）

本当だ！　図だと $\frac{3}{5}$ の方が大きいね。

『先生が認める』ことは，とても大きな意味を持ちます。子どもの中では，それが正しいものかもしれない，と誘導することができるからです。曖昧だった子どもたちは図の説明と先生の言葉で自分の考えが揺れていきます。また，他の考えを持っている子どもたちは一度その考えをじっくり自分で考え，自分の考えとの相違に気づくことができます。

え？　同じもので比べてないからそれは比べられないんじゃない？

このように言ったときのことを考えてみよう

子どもたちは「先生！　ちょっと待って！」や，「テープの長さ，それでいいのかな？」「同じ長さにしなきゃ比べられないよ！」などと口々に自分の考えをつぶやいてくるはずです。問わずともAさんの考えをもう一度考えさせることができるとともに，まちがいに気づいた子どもたちがこうすればいいよ，と次々に言い合う姿が見られます。

認知的共感を促す
（全員を対象・子どもと子どもをつなぐ役割）

どうやって考えたの？

　誤答と周りがわかっていても，その子がどこからそう考えてきたのかのルーツを探ることはとても大事です。表現されたものだけでなく，その子の思考をしっかり言語化させることで既習とつなげて考えることができ，使える場合と使えない場合を子どもたちで練り合うことができます。

> テープで考えると，うまく割ることができるし
> テープのスタートをそろえているから
> 大きさ比べがしやすいと思って
> テープにしました。

このように言ったときのことを考えてみよう

　ただ表現だけを見て，「違う！」と発言するよりも，その子の考えに寄り添って発言をするようになります。「確かにテープで1 cmずつで割ると分数も表しやすいけど，もともとの長さが違うからテープの長さを同じにして割るといいと思います」と，考えの過程を認めることができるようになります。過程は認めるけれど，誤答であることを子ども自身が気づける可能性も広がります。

教材について

　“分母が違う場合，最小公倍数で通分。”やっていることはこれだけです。慣れて計算に入ると，何気なくやっていくものになるでしょう。けれど，分母と分子に同じ数をかけたり割ったりしても同じ分数になること，分母をそろえるためには一番効率がいいのが最小公倍数であることを丁寧に扱うことが大切だと思っています。分母の数値は，「最小」でなくとも，公倍数であれば通分できます。大人は最小公倍数でないと，あとで約分をしないといけない，など最小公倍数の良さを知っています。けれど，子どもにとってはどの倍数でも比較できたら構わないのです。Aさんのおかげで“同じ長さのテープ”でないと比較できないこと，“ノートに書くのに一番小さい倍数でなければならなかったこと”がわかりました。「それって，最小公倍数が最強やん！」と言った子どもが忘れられません。

教師の判断プラス α

　この実践では，ある子どもがまちがった考えを言った場面について書かれています。「判断1」には，自分が絶対に言わないであろう言葉が書かれています。この場面で教師が「テープの長さは違っていいの？」と尋ねたとしたら，「だめだと思う」という子どもがたくさん現れてくることが予想できます。

　教師にそんなつもりはないにしても，上図のように，「発表者」対「教師と他の子どもたち」という構図になってしまいます。これは，自分の考えをしっかりと話せた子どもにとってはつらいですね。だから，絶対に言わないということです。〔森本〕

13

問題の文脈を捉えていない
ときの判断

2年「計算のきまり」／田中

授業の場面

　3口の計算で（　）を使った式表現と結合法則（a＋b）＋c＝a＋（b＋c）を学習する場面です。問題は「校庭で1年生が7人遊んでいます。後から1年生が12人，2年生が8人来ました。校庭にはみんなで何人いるでしょう。」です。1年生をまとまりとして7＋12を先に計算するのか，後から来た子どもをまとまりとして12＋8を先に計算するのか。2つの考えを踏まえ，どちらから計算しても答えが同じになること，7＋12＋8の中を（　）でくくって先に計算することを指導します。

> 問題を見ると，7，12，8の順番に出てくるから，7＋12＋8の7＋12を先に計算します。

> 問題の文脈から数のまとまりを
> つかんでいないな……。

　わたしは，式の中で（　）を使うよさを引き出すためには，問題の文脈から"1年生と2年生"や"最初に来た子と後から来た子"というまとまりに分けて，全体の人数を求めていることをつかませたいと思いました。

　しかし，授業の始め，問題の文脈を意識した考えが出ませんでした。

> Aくん：12＋8＝20　20＋7＝27　Bくん：7＋8＝15　15＋12＝27
> Cさん：7＋12＝19　19＋8＝27　Dさん：7＋12＋8＝27

　Aくんは「12＋8を計算すると，20で10のまとまりができるから」と計算のしやすさに着目して発表しました。Bさんの考えの後，CさんやDさんの考えを見て「7, 12, 8と順番に出ているから」と発言した子が左ページの反応です。Aくんの考えは，結合法則につなげることを目的に設定した数値から引き出されますが，どちらの考えもまだ場面の文脈を捉えていない様子です。

この後，何て言いますか？

7 + 12は何を
表しているのかな？

順番だけを
見ていたのかな？

順番に図にかいてみようか。

数が表す意味を問う

（わかったと思っている子どもを対象・子どもと算数をつなぐ役割）

7＋12は何を表しているのかな？

ねらいとする数のまとまりや，問題の文脈，場面のイメージをもたせるために，7＋12の計算の意味，数値の意味を直接問います。

> 7＋12は何を
> 表しているのかな？

> 7は校庭で遊んで
> いた1年生で……。

> 7人と12人を
> 合わせている。

このように言ったときのことを考えてみよう

7＋12の意味を問うことで，校庭で遊んでいた1年生7人と後から来た1年生12人と場面をイメージさせ，数のまとまりを捉えることにつなげることができるでしょう。この問い返しが悪いわけではありません。しかし，計算のしやすさや数値の出てくる順番を理由に式を考えた子の発言に対してつながりに欠け，その子たちの気持ちを受け止めているとはいえません。ねらいとする算数の内容と共に，その子の"今"の考えを生かす問い返しや言葉かけはないのか，常に考え，よりよい判断を求めていきたいです。

考えを引き出す
（話を聞いていた子どもを対象・子どもと算数をつなぐ役割）

順番だけを見ていたのかな？

　Cさんの7＋12＝19, 19＋8＝27の考えに対して，「Cさんは順番"だけ"見ていたのかな？」と限定的に問いかけます。導きたい考えが出ないときに，「他の考えはないかな？」とオープンに問いかけて，その考えが出てくることもあれば，出ないこともあります。見ている所に焦点を当てて，他を引き出すのです。

このように言ったときのことを考えてみよう

　順番だけを考えていた子は，他にも着目する所はないかを探し始めます。一方，1年生のまとまりを無意識に捉えていた子，文脈を意識していても発話していなかった子たちは，順番以外に眼をつけ始め，7＋12のまとまりについて話したくなります。ここで近くの子と話す時間を取ると，新たな視点での対話が生まれるでしょう。

表現を促す

（全員を対象・子どもと算数をつなげる役割）

順番に図にかいてみようか。

　少し唐突ですが，「式の順番に図にかいてみよう」と投げかけます。言葉と式と図の表現が関連付けることで，問題場面の構造や文脈をつかんでいくことにつながります。図にかく価値を共有している学級であれば自然に図をかいているかもしれません。「図にかいている子がいたよ」と取り上げます。

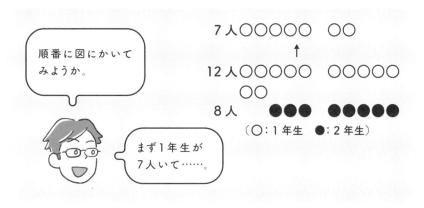

このように言ったときのことを考えてみよう

　図にかくと子どもたちの表現に差異が生じます。例えば，アレイ図をかいた場合，最初に公園で遊んでいた子と後から来た子を離したり，1年生と2年生を区別したりして表現する子もいます。

　どうして間が空いているの？　どうして○と●で分けているの？　と発想を問い返し，子どもたちの図から問題のイメージを引き出します。

教材について

　問題文に出てきた数を順番通りに式をかくという約束はありません。しかし，場面や計算の意味などを考えずに式をかいていると，そうした勘違いを起こしている子がいます。

　一方，「左から順番通り計算する必要がある」という計算の順序についての発言は，既習の経験，きまりに基づいています。（　）と結合法則について学習することで，たし算は後ろの2口から計算してもまさに，答えは変わらないこと，後ろの2口から計算してもよいことがわかります。新たな算数を創り発見した瞬間ともいえます。問題の文脈を頼りに，子どもたちが発見した結合法則と，学習の姿勢の価値を認めてあげたいです。

教師の判断プラス α

　この実践に書かれている問題は，「校庭で1年生が7人遊んでいます。後から1年生が12人，2年生が8人来ました。校庭にはみんなで何人いるでしょう」という問題でした。この場合，1年生と2年生に分けたくなる数のしかけが弱いのかなと感じます。1年生は7＋12，2年生は8で表されるからです。ひょっとしたら，問題を，「校庭で1年生が7人，2年生が12人遊んでいます。後から2年生が8人来ました。校庭にはみんなで何人いるでしょう」としていれば，12＋8＝20という式を作りたくなる子どもが増えて，2年生だけでまとめるよさを感じたのかもしれません。

　子どもたちがどのように感じて，どのように考えるのかは，教師の言葉だけではなく，問題文の中にある言葉や数も大きく関係しています。

〔森本〕

14

友達の説明に違和感を覚えているときの判断

3年「円と球」　大林

授業の場面

3年生の円の導入場面です。

12人で玉入れゲームをする際，並び方を一直線にすると不平等だという事になり，平等な並び方について考えることになりました。

になりました。まず，正方形に並ぶ考えが発表されましたが，それでも不平等だということになり，次に円を描けば良いという意見が発表され，全員が納得しました。すると，下のようなやり取りが生じました。

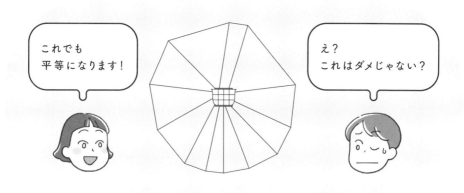

　円にすれば平等になるということに納得した後に発表されたのは，的であるカゴから等距離に 12 本線が引かれ，その先端を結んで十二角形を描いた図でした。十二角形の頂点に立てば平等です。しかし，間髪入れずに周りから発せられた言葉が「これじゃダメじゃない？」でした。

　わたしは，十二角形を発表した子どもは，問題の意味がよくわかった上で正解を発表しているなと感じました。一方で，ダメだと発言した子どもは，十二角形がいびつな形になっていることに引っかかっており，中心からの距離に目が向いていないからつまずいているのだなと感じました。

　そこで，どのように問い返すべきかを考えました。

この後，何て言いますか？

（十二角形を発表した子どもに）
これでいい理由を教えて？

円のときとは何が違うの？

たしかにこれは
平等じゃないかもね。

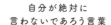
根拠を問う
（発表した子どもを対象・子どもと算数をつなぐ役割）

これでいい理由を教えて？

このように問えば，発表した子どもが中心からの距離に言及しながら全員が平等に玉を投げることができる理由を説明し，スムーズに授業が進むことが予想できます。

十二角形の頂点に人が立てば，カゴからの距離が等しくなるから平等になります。

このように言ったときのことを考えてみよう

説明されればおそらく反論はないはずです。しかし，「ダメじゃないか」と発言した子どもや，同じように考えている子どもたちがどのようにこの状況を捉えているかが不明なまま「わかったつもり」を生み出すことになります。「辺の長さや形のバランスの悪さにとらわれてしまっている」というつまずきを表出したときにこそ，ここで必要となる「中心からの距離」という見方・考え方が浮き彫りになります。スムーズに進行する授業ほど「わかったつもり」の子どもを多く生み出してしまっていることが多いので，気をつけた方が良いかもしれません。

判断 2

図形の構成要素に着目させる
（全員を対象・子どもと算数をつなぐ役割）

円のときとは何が違うの？

　このように問えば，子ども達は円の場合はなぜ平等だったのかを思い出し，視点が中心からの距離の等しさに焦点化され，十二角形の形自体は関係がないことを話し始めると予想されます。

> 円はどこでも
> カゴからの距離が
> 等しかったよ。

> 十二角形は
> どこでも等しい
> わけではないね。

> 形は関係なくて
> 頂点の場所だったら
> 等しくなるよ。

このように言ったときのことを考えてみよう

　今回「ダメじゃない？」と思っている子どもたちは，円の場合に平等になるということを感覚的にしか理解していないと考えられます。そこでもう一度，「中心からの距離が全て等しいから円は平等になったのだ」ということを確認し，その見方で今回の十二角形を捉え直す必要があります。「円のときとは何が違うの？」と問うことで，円のときに働かせた見方を自覚し直し，意図的に発揮する場として十二角形の場合を活用すると良いと思います。

心のハードルを下げる

（わかっていない子どもを対象・子どもに寄り添う役割）

たしかにこれは平等じゃないかもね。

　あえてまちがっている子どもに教師が合わせてみると，同じようにまちがっている子どもたちが安心して自分の考えを表出することができ，学級の理解度やどこにつまずいているのかがわかります。

辺の長さが
等しくないから
平等じゃないよ。

今は辺の長さは，
関係ないんじゃないかな。
大切なのはカゴからの距離だから。

このように言ったときのことを考えてみよう

　教師がまちがっている子どもに意見を合わせた場合，同じようにまちがっている子どもは安心して発言し，十二角形の辺の長さや，バランスの悪さに着目してしまっていることが顕在化します。一方で，正答にたどり着いていた子は自分の考えを批判的に見直します。お互いに自分がどのような見方でこの状況を捉えているかが明確になった上で，中心との距離に着目すべきであることが指摘されることで，より明確にこの十二角形でもよい理由を理解することができるでしょう。

教材について

「円」とは，平面上で，ある定点から等距離にとった点の集まりのことをいいます。しかし，「円とは丸い形である」と単純に捉えている子どもも少なくありません。

「玉入れ（もしくは輪投げ）ゲーム」は教科書6社のうち5社で採用されている楽しい教材ですが，ゲームとしての楽しさを感じさせるだけでなく，定点からの距離をしっかりと意識させることが大切です。同じようにコンパスについても「円を描く道具」という認識が強く，「線分の長さを移す」という機能は忘れられがちです。円を描く活動の際にも，玉入れゲームでのやり取りを思い出し，円の中に定点から等距離の点を無数に見いだせる子どもになってほしいと願います。

教師の判断プラス α

わたしは，まちがっている子どもの考えや，わからずに困っている子どもの気持ちに合わせて，言葉を選択することがあります。

「判断3」にあったように，「たしかにこれは〇〇だね」と，教師に共感してもらった子どもたちは，素直に自分の考えを言いやすくなることがあります。「平等じゃない」と言った子どもたちと同じ気持ちを教師がもつということはとても大切なことです。

教師が，子どもたちと同じ気持ちになって考えることで，どこに違和感をもっているのかが詳しくわかってきます。子どもたちが見ているところ，子どもたちが考えていることを教師が吸収していくことで，授業の幅も広がっていきます。　　〔森本〕

15

自力解決でつまずいている
ときの判断

5年「合同な図形」 田中

授業の場面

　合同な四角形アイウエを作図する学習場面です。前時で三角形の作図の学習をしているので，四角形の対角線をもとに三角形に分けることで，既習の作図の方法を生かすことができます。

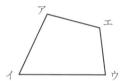

　子どもは分度器を使った（一辺とその両端の角度を使う）作図が簡単なようでした。コンパスを使って作図を考えている中で，次のように困っている子を複数見つけました。

> あれ？　かけない。

> このつまずきを
> 取り上げたいな……。

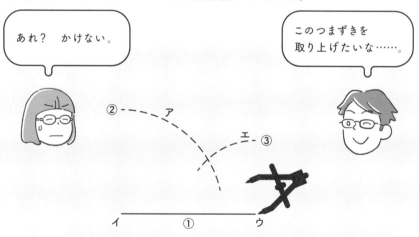

この子は前時の合同な三角形の作図でコンパス
を使って考えていました。三角形のときは，辺イ
ウを引く，辺アイの長さを写し取る（点イを中心と
する弧），辺アウの長さを写し取る（点ウを中心とす
る弧），そして，その交点を結ぶことで三角形を

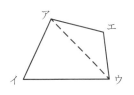

かくことができました。そして，四角形になったときに，①辺イウ，②
辺アイ（点イを中心とする弧），③辺エウ（点ウを中心とする弧）を写し取れ
ばよいと考えました。すると左ページのような②と③の交点となり，四
角形と明らかに違うことに気付き止まっていました。もしかすると三角
形の際には，点アを決めるという意識や，点イや点ウからの等距離な点
の軌跡を引いているという意識をもてていなかったのかもしれません。
まず，人数の多かった分度器を使ったかき方などを扱った後，この反応
を取り上げたいと思いました。

この後，何て言いますか？

コンパスを使ってもかけるかな？

（②の後）コンパスで
どこを測ったんだと思う？

（③の後）よさそうなのに，
どうしてかけないのだろう？

考えを引き出す
（全員を対象・子どもと算数をつなぐ役割）

コンパスを使ってもかけるかな？

　コンパスを使ったかき方を選んだ子が少ない場合や全員に経験させたい場合に，再度コンパスを使った作図を考える時間を取ります。

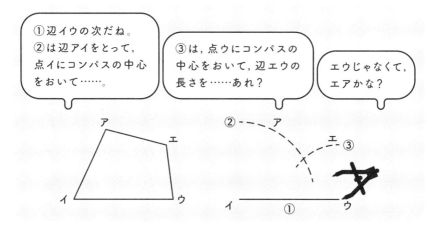

このように言ったときのことを考えてみよう

　考える時間を取ることは大切ですが，同じようなつまずきが生じたり，正しい作図ができたりと反応がバラつき，時間もかかります。

　一人で考えるよりもペアで交互に作図をさせることも有効です。考える時間と話し合いの時間を兼ねるだけでなく，友だちの手順の理由を考えたり，わかっていなかったことを自覚したりもする効果も生まれます。作図だけでなく筆算など，手順を考えたり，定着したりするときに使える判断の1つです。

図形の構成要素に着目させる

（困っている子どもを対象・子どもと算数つなぐ役割）

（②の後）
コンパスでどこを測ったと思う？

辺の長さをコンパスで写し取る操作をしていても，コンパスの交点である3点目が，何を表しているかまで理解しているとはいいきれません。そこで，②の手順で止めて，次にどこを写し取るかを焦点化することで，コンパスの操作の意味や着目させたい構成要素について話題にしていきます。

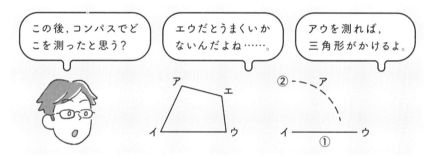

この後，コンパスでどこを測ったと思う？

エウだとうまくいかないんだよね……。

アウを測れば，三角形がかけるよ。

このように言ったときのことを考えてみよう

辺エウを測るという子と，見えない対角線を見いだしてアウを測るという子がいます。同時に表現させるなどして，立場やズレを明らかにします。教師が「辺じゃないアウを測るなんて変だね」など正しい考え方と反対の立場をとると，「ちがう！」と対角線アウを測ることで三角形ができることを説明し出すでしょう。辺エウを測り取った子は，アウは辺ではないということに共感しつつ，対角線アウをとることで三角形を見いだすことでしょう。

考えを引き出す
（全員を対象・子どもと算数をつなぐ役割）

（③の後）よさそうなのに，どうしてかけないのだろう？

　取り上げたい誤答が出ないとき，「こうして困っていた子がいたんだよ」とできなかった考えを教師から出してもよいでしょう。その後，「よさそうなのに，どうしてこの方法ではできなかったんだろう？」と問うことで，何が足りなかったかを言語化させます。誤答から正しい考え方を導く過程で，見方・考え方が引き出されます。

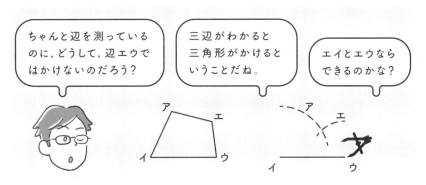

ちゃんと辺を測っているのに，どうして，辺エウではかけないのだろう？

三辺がわかると三角形がかけるということだね。

エイとエウならできるのかな？

このように言ったときのことを考えてみよう

　「よさそうなのに……」と誤答の子の着想や思いを言葉にすることで，困っていた子も安心できます。また，できない理由を全体に聞くことで「点アと点エの場所がわからないからかけない」など話しやすくなります。できないことが明確になれば，アウの長さを測れば点アが決まることや，辺エイとエウを測って点エを決めるなど，「どうすれば１つの点が決まるのか」という図形の作図の本質に気付いていけるでしょう。

教材について

　三角形の合同条件は「3辺の長さが等しい」「2辺の長さとその間の角度が等しい」「1辺の長さとその両端の角度が等しい」の3種類あります。4年生での角の大きさの学習を想起した子は，1辺とその両端の角度を使った作図が簡単に感じるようです。3つの辺の長さが等しい条件の難しさは，コンパスを使っている意味をつかむところにあります。辺の長さを写し取ることで長さは決まりますが，1ヶ所から写しとっただけでは点の位置は定まりません。3年生の三角形や5年生の合同な三角形の作図において，3点目が決まると三角形が決まるという意識をもたせておくことが大切です。

教師の判断プラスα

　「判断2」にあるように，「コンパスでどこを測ったと思う？」と尋ねることは大事だと思います。今回の場合は，コンパスを使って四角形を作図するためには，はじめに，アウかエイの対角線が必要になってきます。

　ところが，アウとエイの対角線はもともとはないので，子どもたちには見えていません。教師は，子どもたちに見えていなかったものを見えるようにしてあげるとよいのです。そのためには，どのように言えばよいのかと，考えていくと授業の幅は広がります。

　②をかいた後であれば，「次にどこの長さが測れば，アの点が決まるんだろうね」と，アの頂点を意識すると，見えていなかった三角形アイウや対角線アウが見えてくるかもしれません。

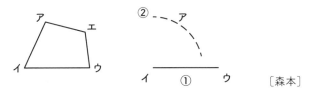

［森本］

16

誤答を取り扱うときの判断

1年「ひきざん」　金子

授業の場面

　繰り下がりのひき算が初めて出てくる単元の2時間目の授業をしていた時のことです。

　前時で13−9の学習を行っていました。本時の問題は14−8です。繰り下がりに着目しやすいように14−□と提示し、「□に入る数がどんな数だったら簡単？」と子どもたちに問いました。ひく数が「4だったら簡単」「でも4より大きい数でもできる」など、前時の学習を想起している子どももいました。「今日は14−8だよ」と伝えると、子どもたちからは意外な意見が出てきました。

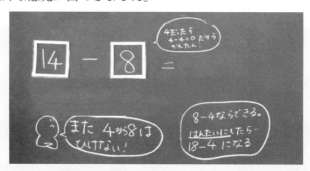

4−8はできないけど、
8−4ならできるから、答えは14だ！

　私は，前時の13−9の学習と同様に，14−8の問題も10のまとまりから1位数を引くという同じ方法が簡単に出るであろうと考えていました。すると子どもは「4−8はできないから8−4にすればよい」と言い出したのです。つまり，14−8の「4」と「8」を入れ替えて，「18−4」にしてしまおうというのです。
「それはだめだよ。だって……」と教えることもできますが，私はこの時，どうすればよいか悩みました。それは，これまでも同じ考え方をする子どもに出会ったことがあったからです。この時も，この考えに賛成している子どもは複数名いました。子どもたちの中でよくあるまちがいなのだとしたら，入れ替えてはいけない理由について納得するまでしっかり考えさせるべきなのではないかと考えました。

この後，何て言いますか？

　　　　昨日はどうやって計算したかな？

　　　　そっか。じゃあ，
　　　　今日の問題の答えは14だね。

　　　　どんなお話になるの？

既習内容を想起させる
（わかっている子どもを対象・子どもと算数をつなぐ役割）

昨日はどうやって計算したかな？

　このように問えば，子どもたちは前時の学習を想起し，一の位が計算できないときは10のまとまりから引けばよいということを使って本時の学習も解こうと説明することが予想できます。

4−8はできないから，昨日と同じように10のまとまりから8をとればいい。

このように言ったときのことを考えてみよう

　10のまとまりから引くという方法について，全体でもう一度確認し，前時と同じ方法を使って正しく計算することができるでしょう。適応題も正しく計算できるかもしれません。しかし，時間が経つとどうでしょうか。「入れ替えればよい」と考えている子どもには「入れ替える」ことに関して解決されていないため，すっきりしなかったり，同じような問題場面に立ったとき，同じまちがいをしてしまったりするのではないでしょうか。

判断 **2**

思考を促す
（全員を対象・子どもと算数をつなぐ役割）

そっか。じゃあ，今日の問題の答えは 14 だね。

　子どもの誤答をそのまま使い，14－8＝14 と板書することができると考えました。そうすることで，子どもが違和感に気付き，なぜいけないのか説明したり議論したりする材料になると考えました。

> そっか。じゃあ今日の問題の答えは14だね。

> 14だったら最初の数と同じじゃないかな。

> え？　入れ替えて計算していいの？

> そう。できた！

このように言ったときのことを考えてみよう

　まちがった子どもを否定してしまうと，子どもたちの主体的に学ぶ意欲は失われていきます。あえて肯定することで「先生も同じなんだ」という安心感が生まれ，その後訂正された時にも先生と一緒に「なるほどね！」と納得することができます。また，なんとなく「入れ替えてはいけない」と考えている子どもは，一度立ち止まりなぜいけないのか理由を考えるきっかけとなり，「絶対にいけない」と考えている子どもは，この時点で「入れ替えたら答えがおかしくなる。14から8をとるのに……」などと，説明を考え始めているのではないかと考えます。

判断 3

数 に 着 目 さ せ る
（全員を対象・子どもと算数をつなぐ役割）

どんなお話になるの？

　このように問うことで，「最初にクッキーが14個あってね……」といったように，ひき算の場面を想像し始めます。話していくうちに，「クッキーが14個から18個に増えたらおかしい！」と数字を入れ替えてはいけないことに気付き始めるということです。

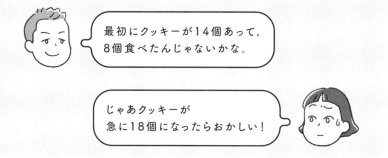

最初にクッキーが14個あって，
8個食べたんじゃないかな。

じゃあクッキーが
急に18個になったらおかしい！

このように言ったときのことを考えてみよう

　このように問えば，子どもは経験からいろいろなひき算の場面を想像するでしょう。生活場面とつなげることで，数字が変わるということは物などの数が急に増えたり減ったりすることだと気付き始めます。そして，「この場面では，数字を入れ替えて計算してはいけない」ということに子どもたち自身でたどり着くことができるのではないかと考えます。このことは，今後式だけの計算練習に出合ったときも，式に隠れているお話をイメージしながら計算していくことにつながると考えます。

教材について

　繰り下がりのあるひき算は，1年生の2学期後半に
取り扱われる教材です。計算方法には，減加法と減
減法の2種類があります。減加法は，14−8なら(10
−8)+4というように10から8を引いて残りの4を
加える方法（図①）です。減減法は，13−9の場合，
(13−3)−6のように順々にひいていく方法（図②）
です。教科書では，減加法が先に取り扱われ，減減
法がそのあとに扱われるというように，別々の時間

図①

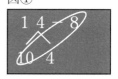

図②

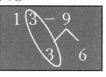

で学習するように設定されています。しかし，子どもたちの思考は様々
ですから，どのように考えているのか，ブロック操作で表現するなどし
て問題解決の過程をていねいに扱うことが大切です。

教師の判断プラスα

　子どもたちがまちがいを言ったとき，教師はそれを正したく
なりますよね。教えるのが教師の仕事だと考えているというこ
ともありますし，子どもたちがまちがった考えをもったままで
はいけないと考えるからです。

　この実践にあるように，子どもたちが「18−4ならできるよ」
と言ったとき，1年生の担任だったとしたら，多くの先生方は，
「それはだめだよ」と教えたくなるのではないでしょうか。そ
れは悪いことではないと思いますが，選択肢の一つであって，
絶対にそうしないといけないわけではありません。

「判断2」や「判断3」にあるように，一度，子どもたちの話
に乗っかってみて，子どもたちに考えさせることも大切です。
そのようなことを日頃からしてみることで，わたしの授業，目
の前の子どもたちは少しずつ変わっていきます。　　　〔森本〕

17

多くの子どもが誤答に納得しているときの判断

1年「図にかいて考えよう」　田中

授業の場面

「14人でだるまさんがころんだをしています。ひでみくんは4人つかまえました。あと何人のこっているでしょう。」という問題を出しました。

一見すると，14−4＝10です。しかし，だるまさんがころんだの鬼のひでみくんの人数，鬼の1人が問題文に明記されていません。始めの段階では，鬼を意識している子はいませんでした。

そこで，図に表す過程で，問題の構造をつかませようとしました。

14人でやっているから
○を14こかく。
鬼のひでみくんがここにいて，
つかまえたのがこの4人です。

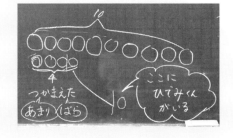

　ある子どもを指名して黒板にかかせると，左のページのような図をかきました。実際のだるまさんがころんだをイメージしたのか，鬼のひでみくんだけは,14人とは別の場所にかいています。

　すると，この図を見ていた子が，「やっぱりこれじゃおかしい」とつぶやきました。それを聞いて，「これであってるよ」とつぶやく子もいます。

　このとき，どのように言えばよいのか考えました。図によって，正しい構造をつかもうとはしているものの，多くの子は左のページの図で正しいと思いこんでいました。また，誤答だとわかった時に，図をかいた子をどうフォローをするかも考える必要がありました。

この後，何て言いますか？

本当にこの図で
合っている？

おかしいって言っている子は，
どこを見ているのかな？

図のように
並んでみようか。

判断 **1**

自分が絶対に
言わないであろう言葉

図が表す意味を問う
（わかったと思っている子どもを対象・子どもと算数をつなぐ役割）

この図で本当に合ってる？
よく見て！

多くの子が誤答であることに気付かないことがあります。まずは教師が誤答であることをはっきりさせて，図を見直させたいと思います。

このように言ったときのことを考えてみよう

図を発表した子は，どんな気持ちになるでしょうか。まちがいが恥ずかしいと思ったり，図を修正する話し合いに参加する気持ちが下がったりするかもしれません。逆に「そうだね。これで合っているね！」と肯定的な言葉を返して，教師が誤答であることに気付くように説明していきます。教師の言葉であれば，わかったつもりの子たちも「あれ？　おかしい」と子ども自身で誤答に気付きやすいでしょう。図をかいた子自身が気付いたら，その子に話をさせて修正できるとさらによいでしょう。教師が誤答の立場に立つことで，まちがった子も安心して学習に取り組めるでしょう。

138

判断

友達の考えを考えさせる

（わかったと思っている子どもを対象・子どもと子どもをつなぐ役割）

おかしいって言っている子は，どこを見ているのかな？

　構造をつかめている子が少数で，多くの子がわかっているつもりになっています。「おかしい」と言っている子の視点を拡げるために，まずは着目しているところを絞ります。

おかしいって言っている子は，どこを見ているのかな？

うーん。どこか変かな？

あそこがおかしいと思う。

どこを見ているのか教えて。

このように言ったときのことを考えてみよう

　「おかしいと言っている子は，どこを見ているのかな？」と言うことによって，着目しているところを想像したり，わかったつもりの子がもう一度自分の考えを振り返ったりすることを促します。そして，おかしいと言っている子に，図のおかしな部分を指さしさせると，どこを見ているのかはっきりしてきます。見るところがわかれば，わかったつもりだった多くの子が，まちがいに気付いていくことができます。

図が表す意味を問う

（全員を対象・子どもと算数をつなぐ役割）

図のように並んでみようか。

　1年生の順序数や集合数の問題は，図やブロックだけでは問題の構造をつかめなかったとき，実際に並んでみることも有効です。

> 図のように並んでみようか。
> 何人いればいいんだっけ？

> 14人！

> オニやりたい！

このように言ったときのことを考えてみよう

　実際に並んでみる時に，大事にしたいのは視点です。やっている子と，やっているのを見ている子は捉える所が違います。この問題の場合は，外から様子を見ることで構造が見えてくるでしょう。教師は「何人いればいいんだっけ？」「14人」「どの人が鬼？」と人数や鬼を意識させて並んでいくことで，図の人数がまちがっていたことに徐々に気付いていくでしょう。

教材について

　問題文にない鬼の数のため，図の人数は違いましたが，多くの子ども
を納得させる図でした。意図的に誤答をかく子はいません。つまずきが
生まれる過程を明らかにすることは，働かせたい見方・考え方を明らか
にすることと同じだといえます。「○○ちゃんの図にみんな納得してい
たよね。少し違ったけれど，とてもいい図だったよね。何に気をつける
とよかったかな？」とつまずきを話題にしたり，「○○ちゃんのおかげ
で，場面がはっきりしたね」と誤答にも価値があることを伝えたりする
ことも大切です。

　次時は，「10人でだるまさんがころんだをしています。さんたさんは，
3ばん目につかまりました。あと何人のこっているでしょう」と，鬼か
ら立場を変え，順序数を含めた問題にしました。前時と同じ見方・考え
方を働かせられるように単元の問題を組んでいくことで，次の時間も
「昨日の○○ちゃんの図を活かして考えよう」と考える子が増えていく
でしょう。

教師の判断プラス α

　「判断3」のように，実際に並んでみるというのは，1年生の子
どもたちにとって，とてもよい手立てです。「図のように並ん
でみよう」という方法以外にも，「問題文にかいてあることを
やってみよう」と，子どもたちに呼びかける方法もあります。
「14人でだるまさんが転んだをしています。はい，14人来てく
ださい」「ひでみくんの役をしてくれる人？」「ひでみくんは4
人捕まえてください」と，文にかかれていることを実際にやっ
てみて，図と比べるという流れも考えられます。　　　　〔森本〕

18

少数派の意見を
取り上げたいときの判断

3 年「倍とわり算」／ 田渕

授業の場面

　3年生の，ある数量がある数量の何倍かを求める場面です。導入では，くつ飛ばしの結果を，テープに表して提示しました。数値を示さずに提示すると，子どもたちは「青は赤の3つ分くらいだな」「赤は青の3分の1だよ」と，テープの長さの関係についてつぶやきました。「青は赤の何倍でしょう」という問題について，「長さがわかれば求められる」ということで，赤8 m，青24 mと示した上で，「計算で求めてみよう」と投げかけました。

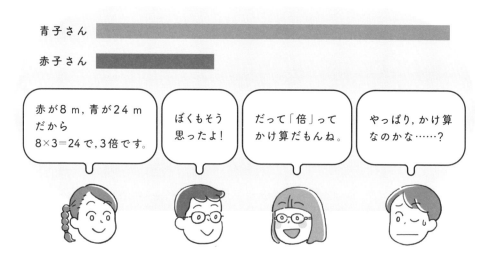

青子さん

赤子さん

赤が8 m，青が24 m
だから
8×3＝24で，3倍です。

ぼくもそう
思ったよ！

だって「倍」って
かけ算だもんね。

やっぱり，かけ算
なのかな……？

　子どもたちの考えた式には，8×3＝24の式で3倍になると考えたものが多く，24÷8＝3で3倍と求めた子は若干2名しかいませんでした。まず，それぞれの式を取り上げ，黒板にかき，理由を発表させていきました。「倍ってかいてあるから，かけ算だよ」「倍になるのはかけ算しかない」のように，かけ算の式に同意する子どもたちの反応が次々と表れました。確かに，かけ算の8×3＝24という計算でも，3倍であることは確かめることができます。しかし，何倍かを求める演算としては包含除のわり算を適用する場面です。

　一方で，わり算の式にしていた子は，なぜそうしたのか発言しようとしませんでした。クラスの雰囲気に流され，自分の考えに自信をもてずに，発言しづらくなっているように感じられました。さらに，わり算だと考えた気持ちがわかるという子を指名しましたが，説明の途中で，「やっぱりかけ算になる」と考えを変えてしまったのです。

この後，何て言いますか？

他にわり算だという人は
いませんか？

確かにかけ算の式で，
3倍っていうことがわかるね。

わり算では，3倍ということは
求められないね。

表現を促す
（わかっている子どもを対象・子どもと算数をつなぐ役割）

他にわり算だという人はいませんか？

　このように問えば，他にわり算で求められるという考えを話す子が現れることが期待できます。しかし，周りの雰囲気が「かけ算になる」となってきていることから，初めからわり算になると考えていた子が発言できるとは思えません。

ぼくは，わり算に
したんだけど……。

このように言ったときのことを考えてみよう

　算数の学習場面で多様な考えを引き出したいときに，「他に〜？」と投げかける場面がよくあります。しかし，今回の場面では，このように投げかけても，自分の考えに自信がもてていない子どもが自ら挙手・発言することは難しいかもしれません。また，「他に〜？」と先生が考えを促したときに，その考えが本時のねらいにつながる考えであることが続くと，子どもたちは「先生が促す方に正解がある」といった誤った算数の学習観を身に付けていくことになる可能性もあります。

数に着目させる
（全員を対象・子どもと算数をつなぐ役割）

確かにかけ算の式で，
3倍っていうことがわかるね

　かけ算の式でも，赤と青の関係性を表現することができ，$8 \times 3 = 24$の式でも赤（8 m）の3倍が青（24 m）であることはわかります。このような言葉かけをすることで，かけ算の式にしている子の考えを認めます。

$8 \times 3 = 24$で，8の3倍が24になることがわかるね。

「$\times 3$」は3倍のことだね。

この3はどこからきたのかな？

このように言ったときのことを考えてみよう

　多くの子がかけ算だと考えている背景には，子どもたちにとってかけ算の方が考えやすいという感覚があるのでしょう。そこで，式のどこを見て3倍であることがわかるか全員で確かめます。その上で，「この3はどうやって求めたのだろう」ということを話題にしていきます。多くの子は，一度自分たちの考えが認められたことで安心して，次の話題に向かうことができます。「$\times 3$」の3を求める，つまり「かけられる数を求める」ことが見えると，わり算とのつながりが見えてきます。

考えを引き出す
（全員を対象・子どもと算数をつなぐ役割）

わり算では3倍ということは
求められないね。

　かけ算だと考えている子が多く，初めはわり算だと考えていた子がうまく説明できない・言えない状況にいます。ですが，求める式はわり算になることが教師にはわかっています。そこで，教師があえてこのように言い，揺さぶります。

いや，でも24÷8＝3って求められているよ。

わり算なのかも……！

かけ算の式だと，24 cmを求めていることになるね。

このように言ったときのことを考えてみよう

　初めにかけ算だと考えていた子も，このように投げかけられることで「でも，ちょっと待てよ……」と式の役割に着目して，「わり算で求められそうだ」ということに気付いていきます。こうして，学級全体がわり算になりそうだなという雰囲気に変わっていけば，自信がなくて言えなかった子たちの背中を押してくれることが期待できます。8×3＝24も24÷8＝3も，同じ数量の関係を表す式ですが，ここでは「求める式」の意味に，全員が着目できるようにします。

教 材 に つ い て

　倍という言葉は2年生のかけ算で学習していますが，倍にあたる数を求める場面は3年生が初めてです。子どもたちは，倍とはいくつ分という意味で捉えています。ある数量を1(つ分)としていくつ分になるか測りとっていく操作や，かけ算の乗数に当たる部分を求めることから，いくつ分を求めるわり算（包含除）であることを説明できるようにすることが大切です。このような操作は，2年生での長さの学習で任意単位のいくつ分を測った経験とつながります。

　このようにして求めた倍は，4年生ではその値が小数になることを学習し，やがて5年生の同種の量の割合の意味理解へとつながっていきます。

教師の判断プラス α

　「青は赤の何倍でしょう」という問題に対して，「計算で求めてみよう」と教師が投げかけたというのが，今回の場面です。

　教師としてみれば，計算で求めるということを考えれば，24÷8＝3という式を子どもから引き出したいです。しかし，前のページにも書かれていたように，子どもたちにとってみれば，8×3＝24という式をみれば，「3倍」だということがわかるわけです。

　こんなとき，わたしたち教師はどうしても24÷8＝3という式を言わせたいがために，8×3－24で「3倍」と言った子どもの気持ちを認めずに，その式は答えを求める式ではないからちがうと言ってしまいがちだと思います。「判断2」にあるように，いったん子どもたちの考えを認めることができる教師でありたいと，わたしも思っています。　　　　　　　　　〔森本〕

19

気づきを促すときの判断

4年「変わり方調べ」 森

授業の場面

　4年生と変わり方調べの学習をしたときのことです。

　右の図のように一辺が1cmのひごを使って正三角形をピラミッドのように並べていきます。段の数と周りの長さの関係について，

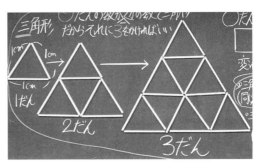

表や式を用いて変化の特徴を考察していく場面です。下の表のように表に整理した後，ある子どもがいち早く規則性に気づきました。

だんの数（○）	1	2	3	4	5	6
まわりの長さ（□）	3	6	9	12	15	18

きまりが見えました！

「きまりが見えました！」と言ってきた子どもは，勢い良く手を挙げて今にもしゃべり出しそうな様子です。クラス全体を見渡すと，他にも2,3人の子どもがうんうんと頷きながら何か言っています。その他の子どもたちの様子は様々。首を傾げたり，きょとんとしていたり，ぼーっと窓の外を眺めたりしています。

　この時点で授業者のわたしには，わからないことがたくさん存在します。発言した子どもはどんなきまりが見えているのか？　頷きながら口々に言っている子どもはどんなことを言っているのか？　困っている子どもは一体何に困っているのか？（発言が聞こえてないのか？　意味が理解できないのか？）　反応がない子どもは何を考えているのか？　唯一わかっていることは，クラスがバラバラだと言うことです。

この後，何て言いますか？

すごいね！
どんなきまりか教えてくれますか？

みんなにきまりが見えるように
ヒントを出してください。

きまりがあるようですね。
見えたきまりをノートに書いてみましょう！

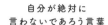

判断 **1**

考えを引き出す

（きまりに気づいた子どもを対象・子どもと算数をつなぐ役割）

すごいね！
どんなきまりか教えてくれますか？

このように問えば，子どもはどんなきまりが見えているのか説明しようとします。黒板の前に出て来て，表を用いながら説明することでしょう。

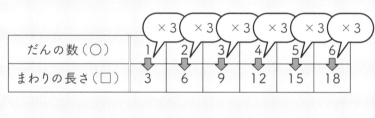

だんの数（○）	1	2	3	4	5	6
まわりの長さ（□）	3	6	9	12	15	18

×3 ×3 ×3 ×3 ×3 ×3

表を縦に見て，だんの数×3をすると，
いつでもまわりの長さになります。

このように言ったときのことを考えてみよう

表から変化の様子を□や△などを用いた式に表すことをねらいにした授業ですから，「きまりが見えた」と言い出したときに，わたしもすぐに反応したくなります。そうすると，授業はスムーズに流れるでしょう。しかし，「すごいね！　どんなきまりか教えてくれますか？」と問うて，答えたくなるのは，きまりが見えている一部の子どもだけです。わかっている子どもだけで授業が進み，他の子どもが置いていかれることになりかねません。

数 に 着 目 さ せ る
（わかっていない子どもを対象・子どもと算数をつなぐ役割）

みんなにきまりが見えるように
ヒントを出してください。

このように問えば，きまりが見えている子どもはまだ見えていない子どもに対してヒントを必死に出そうとします。あえて言葉を発さずに動作や矢印だけで伝えようとしたり，一言で簡潔に言い表そうとしたりすることがあります。きまりを見出すまでの思考過程が，ヒントとして子どもなりに表現されます。

このように言ったときのことを考えてみよう

子どもたちにヒントを出すように促すと，きまりが見えてくる子どもが徐々に出てきます。表を縦や横に見る見方に気づけば，かけ算やわり算が見えてきて，数字の「3」がいつも見えてきます。そうすると，見えている子どもだけがヒントを出す状況から，ヒントを受けてきまりが見えた子どももヒントを出す側に変わっていきます。このような過程の中で多くの子どもがきまりを見出していきます。また，ヒントを出し合っていくと，いつの間にかクラス全体に一体感が生まれます。

判断 3

子どもの状況を見取る
（全員を対象・教師が授業の設計をする役割）

きまりがあるようですね。
見えたきまりをノートに書いてみましょう！

　このように問えば，すべての子どもが自分の考えを表現しようとする時間やノートに表現する時間を確保することができます。教師の問いかけに対して反応が素早い子どもだけでなく，じっくり考えたい子どももクラスの中には存在します。

このように言ったときのことを考えてみよう

　集団検討場面に自分の考えをノートに表現する時間を設定することで，授業者は一人一人の考えや困っている子どものわからなさをより確かに見取ることができます。考えが多様な場合には，意図的に指名することで話題を絞ることができます。困っている子どもが多い場合には，クラス全体でわからなさを共有し，子ども同士がヒントを出し合っていきます。そうすると，多くの子どもが自らきまりに気づける瞬間を作り出すことができるでしょう。

教材について

変わり方調べの学習では，「関数の考え」を子どもが働かせることが大切です。「関数の考え」とは，伴って変わる二つの数量を見出し，それらの関係の中で見つけたきまりを利用して問題解決をする考え方のことです。例えば，20段目の周りの長さを知りたいときに，実際に図に書いて調べるのではなく，周りの長さを求めるために他の数量が使えないかを考えます。すると，段の数を決めれば周りの長さが決まることを見出します。そし

て，表や式に表していきます。最終的に，見えたきまりを，○（段の数）×3＝□（周りの長さ）という式に表現し，20段目は，20×3＝60で求めることができるのです。

さらに，図を用いてどこが「×3」になっているかを表現することで，「正三角形は一辺×3だから，今日の変わり方だと，だんの数と一辺の長さが同じだから，だんの数に×3をすればまわりの長さになる」と変化や対応についての新たな気づきを促すこともできます。

教師の判断プラス α

「判断3」にあるように，授業の中で子どもたちに自分の考えをノートに書いてもらうことはよくあります。子どもたちがどんな考えをもっているのかを見取ることができるので，わたしもこのような時間をたまにとります。しかし，このようにする前に，子どもたちが自分の考えをもてるようにしてあげないと，何も書けない子どもも出てきます。ですので，わかっていない子どもがいた場合には，この実践にあるように，「判断2」のような言葉を教師が先に言ってから，「判断3」のようにすることが望ましいです。

〔森本〕

20

特殊な事例を意識させたいときの判断

3年「三角形」　田中

授業の場面

　二等辺三角形，正三角形の作図を学習した次の時間，円の半径を利用した三角形の作図を考える場面です。「半径4cmの円をかきます。中心の点アと円のまわりに2点を決めて三角形をかきます。何種類の三角形がかけるでしょう」と黒板に図をかきながら問題を出しました。1つの円の半径はどこも一定なので，二等辺三角形をかくことができます。「二等辺三角形になった」「無限にかける」と作図に夢中になりました。

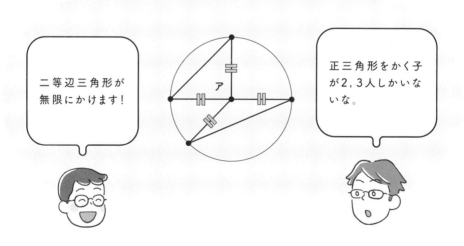

二等辺三角形が無限にかけます！

正三角形をかく子が2，3人しかいないな。

　問題で「何種類の三角形がかけるでしょう？」と問題提示しました。角度の違う二等辺三角形は，いくつもかくことができますが，二等辺三角形として捉えると，1種類といえます。円の半径を使ったかき方では，「二等辺三角形」「直角二等辺三角形」「正三角形」の3種類に絞られます（一般三角形はかけません）。図形の構成要素に着目した作図と，説明する活動を意図しましたが，正三角形のかき方を見いだす子が少数しかいませんでした。多くの子どもに，円の中心と半径を利用した正三角形のかき方を見つけられるようにしたいと考えました。

この後，何て言いますか？

これまでどんな三角形を
学習しましたか？

結局，二等辺三角形しか
かけないんだね。

何種類になったか，
数を指で示してみよう。

既習内容を想起させる
（全員を対象・子どもと算数をつなぐ役割）

これまでどんな三角形を
学習しましたか？

　既習事項を想起させます。二等辺三角形の他には，どんな三角形を学習したのかを振り返らせることで，正三角形という用語が引き出せます。

これまで，
どんな三角形を
学習しましたか？

二等辺三角形の
他には，正三角形。

長さのちがう三角形
は，かけてないな
……。

このように言ったときのことを考えてみよう

　この言い方では正三角形という用語は出てくるかもしれません。しかし，辺の長さが全て同じである特徴を引き出し，円の半径に着目させる方向性を示す投げかけや問いかけがさらに必要となります。

　正三角形，二等辺三角形は教科書に必ず記載されていますが，直角二等辺三角形，一般三角形という用語を扱われません。こうした用語を扱って，辺や角度に特徴があるときに特別な名前がつくことを教えたり，分類整理するために子どもたちと名前を決めたりすることも図形の構成要素に着目することにつながります。

思考を促す
（全員を対象・子どもと算数をつなぐ役割）

結局，二等辺三角形しか
かけないんだね。

　二等辺三角形が無限にかけると思っている子や，見方を広げられない子に対して，限定的に問いかけます。今，見ている所に焦点を当てて，限定することで，他にはないかな？と主体性を引き出します。

このように言ったときのことを考えてみよう

　二等辺三角形だけを考えていた子は，他の三角形はかけないのかな？と考え始めます。また，どうして二等辺三角形ばかり書けるのだろうか？と改めて図形の構成要素に目を向け始めるでしょう。すると，円の半径はどこでも同じ長さだから二等辺三角形になることを意識したり，もう1辺の長さを同じにすれば正三角形がかけるのではないか？と構成要素をもとに考え始めたりします。

根拠を問う

（全員を対象・子どもと算数をつなぐ役割）

何種類になったか，
数を指で示してみよう。

　自力解決の時間に，正三角形を見いだしている
子がいました。その子に何種類かけた？　と問い
かけると，「二等辺三角形と正三角形と……」と，
たくさんかいている図形の中に共通点を見いだし
ていました。そこで，何種類になったかを，指で
示してみようと数を表現させます。

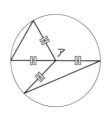

このように言ったときのことを考えてみよう

　同時に指で表したり言葉で数を言わせたりすると，自分の意思表示だ
けでなく，友だちの情報も自然と入ってきます。無限と言っていた子は
手を振っていますが，そこに2や3種類と指で示している子がいます。
「ノートにはたくさんかいているけれど，3種類なんだって」と言ってあ
げると，たくさんかけた二等辺三角形を1種類と数えなおし，直角二等
辺三角形や正三角形がかけるのではないかと気付いてきます。

158

教材について

集合というと，図形の包摂関係をイメージするかもしれません。しかし，小学校段階では集合そのものを指導するのではなく，考察の対象の範囲を明確にする集合の考えを指導にいかすことが有効です。図形の概念形成における仲間集めや，資料を分類整理することなども，この考えを使っています。考察の対象の範囲が明確になると，統合・発展にもつながりやすくなります。

この事例において，形の違う二等辺三角形は幾通りもかくことができます。形は違ってもどれも二等辺三角形1種類と数えることで，性質のちがう他の三角形に着目しようとします。本書の言葉かけでいくつか出てくる「〜しか」と範囲を限定する言葉かけも，教師が既習との違いや考察の範囲を意識することで，使いやすくなるでしょう。

教師の判断プラスα

教師が「結局，二等辺三角形しかかけないんだね」と言うことで，子どもたちが「他の三角形もかけるのかな？」と考えるようになると思います。これは「〜しか」というように，限定する言葉を使っているからです。教師が，子どもたちの考えていることを広げたいと思ったときには，「〜しか」のように，あえて限定する言葉を使ってみるといいでしょう。

他にも，「二等辺三角形は無限にかけるね」というように，「〜は」という言葉を使うのも有効です。「二等辺三角形は」と限定されることで，「他の三角形はあるのかな？」と考え始める子どもが出てきます。「〜は」や「〜しか」という言葉を，授業で意識して使ってみると，目の前の子どもたちの反応も変わってくると思います。　　　　　　　　　　　　　　　〔森本〕

21

集団検討に入るとき
の判断

5年「割合」　福原

授業の場面

　単元の導入場面のことです。
　「A，B，C，Dの4人がバスケットボールの
シュート練習をして，入った数とシュート数は
右のようになりました。うまいと思う順に並べ
ましょう」と問題提示をし，3分間だけ時間を
とってノートに自分の考えを書いてもらいまし

	入った数	シュート数
A	5	10
B	8	10
C	9	12
D	6	12

うまい順は
1．B（10本中8本）
2．C（12本中9本）
3．A（10本中5本）
4．D（12本中6本）

うーん…。

た。

　教室を回って見てみると，ノートに考えを書いている子たちは次の二つの考えに分かれていました。一つは，シュートを外した数に着目し，「外した数が少ない方から順にうまい」という判断です。つまりうまい方から順に【B→C→A→D】ということです。

　もう一つの考えは，未習ではありますがシュート数に対する入った数の割合で考え，【B→C→AとDは同じ】と判断していました。

　一方で，ノートに全く何も書いていなかったり，「わからない」と呟いていたりする子もいました。

　私は，このあとどのように展開していくか迷いました。なぜなら，クラスには考え終わっている子とまだノートに何も書けていない子がいたからです。さらに少なくとも2通り以上の考えがあり，どこからどのように考えていくことが，一人一人の子どもにとってよりよいのかという判断が難しかったからです。

この後，何て言いますか？

まず，班の人と
交流しましょう。

A〜Dの中で誰と誰なら，
うまさを比べやすい？

え？
同じうまさの人がいるの？

表現を促す
（わかっている子どもを対象・子どもと算数をつなぐ役割）

まず，班の人と交流しましょう。

　小集団での交流は，発言機会を確保すること，多様な考えを知ること，話しながら自分の考えを整理することなど様々な効果があります。

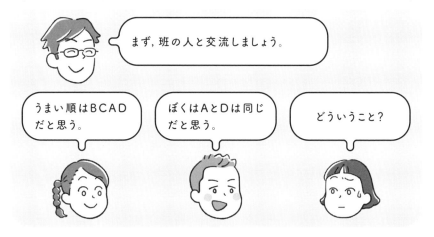

このように言ったときのことを考えてみよう

　今回のようにまだ考えをもてていない子がいるときに小集団での交流を行うと，その子は「わかった子」の考えを聞くことが中心になります。一方的に考え方や答えを聞くことで，「知ること」はできても肝心の問題解決の力は付きません。

　交流は，「□□と■■どちらに賛成？」「○○さんが言ったことを隣の人と確かめてみよう」「（発表前に）隣の人に一度伝えてみよう」のように，全員が参加できる状況において効果的だと考えます。

162

判断 2

思考を促す
（全員を対象・子どもと算数をつなぐ役割）

A～Dの中で誰と誰なら，
うまさを比べやすい？

　この問題を解決するためには，「入った数」か「シュート数」に着目し，どちらかが揃っていたら比べられることに気付くことが必要です。自力解決場面で悩んでいた子どもたちが，「同じ」に着目できるようにするために，4人同時ではなく2人に絞って比べるように促すということです。

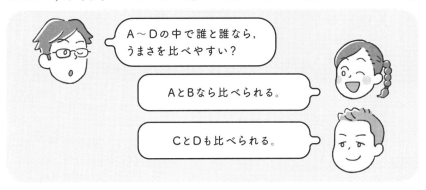

> A～Dの中で誰と誰なら，うまさを比べやすい？

> AとBなら比べられる。

> CとDも比べられる。

このように言ったときのことを考えてみよう

　2人に絞って考えようとしたとき，「入った数」は全員違うのであまり手掛かりにはなりません。しかし，「シュート数」を見るとA，Bは10本，C，Dは12本で「同じ数」です。「同じ」に着目できれば「シュート数が同じなら，入った数が多い方がうまい」という比べ方が見えてくるでしょう。この発問によって，「入った数もシュート数も違うときはどうやって比べるのか？」という本時の中心課題が明確になるとともに，「同じ」なら比べられるという解決の見通しももたせることができます。

考 え を 引 き 出 す

（ 全員を対象・子どもと算数をつなぐ役割 ）

え？　同じうまさの人がいるの？

　自力解決場面で「Aの方がうまい」と考えた子と「AとDのうまさは同じ」と考えた子がいたことを見取っていたので，このように問うて学級の中にある2つの考えを話題にしていきます。

このように言ったときのことを考えてみよう

「AとDは同じ」という意見が出てきます。「AとDのうまさは同じなのか？」という話題に絞れば，まだ考えをもてていなかった子もそこに注目して考えることができます。「同じ」と考えた子は「シュート数に対して入った数が半分になっている」と見ており，「違う」と考えた子は「外した数」を見ていることがわかります。2つの異なる見方を共有した後で，「ではどちらが適切なのか」という議論をみんなで進めることができます。複数の考えがあるときは，その正誤にかかわらずそれぞれの見方を共有することで理解が深まると考えています。

教材について

　これまで学習している「量」は2個, 3人, 4 m, 5 kgなどのように, 数えたり測ったりして視覚的に捉えることができます。足したり引いたりすることもでき, 比べやすく理解も容易です。本実践でも, 子どもたちは「入った数」や「外した数」という「量」で比べようとし, 多くの子どもが量的な見方をしました（下左図）。一方で割合は, 量と量の間にある倍関係であり, 「量」とは全く違うものです。数字だけではわかりにくいため, 図などで視覚化し, 量的な見方をしている子どもたちが割合の見方へ転換できるように授業を組み立てていくことが必要です。

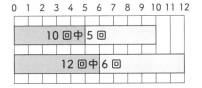

量の見方

| 0 | 1 | 2 | 3 | 4 | 5 | 6 | 7 | 8 | 9 | 10 | 11 | 12 |

10回中5回

12回中6回

割合の見方

| 0 | 0.1 | 0.2 | 0.3 | 0.4 | 0.5 | 0.6 | 0.7 | 0.8 | 0.9 | 1.0 |

10回中5回入った　シュート数を1とみると入った数は0.5にあたる。

12回中6回入った　シュート数を1とみると入った数は0.5にあたる。

教師の判断プラスα

　子どもたちは算数の時間にいろいろな場面で困ることがあります。教師から与えられた情報量が多いときも, その一つだといえます。今回の授業のように, A, B, C, D, 4人のシュート数とシュートが入った数を一度に見ると, 困ってしまう子どもも多いと思います。そんなとき, 「判断2」にあるように, 「4人の中で誰と誰なら, うまさを比べやすい？」と教師が言えば, 動き出す子どもが一気に増えると思います。はじめから動くことができている子どもたちへの言葉かけも大切ですが, この判断のように, 一人では動くことができていない子どもたちに向けてどのように言えばよいのか, ということを授業の中で大切にしていくとよいと思います。

〔森本〕

おわりに

2023年2月11日に，勤務校で初等教育研修会が行われました。

わたしはこの日，講堂で行う授業を公開する機会がありました。

わたしの所属する筑波大学附属小学校では，3年間に一度しかクラス替えがありません。同じ担任，同じメンバーで3年間を過ごします。今年度は，6年生の担任なのですが，この子どもたちとの算数の授業を対面で校外の先生方に見ていただく機会は，3年間でこの1回しかありませんでした。4年生，5年生，6年生と，一緒に学び続けてきた，本当にすばらしい子どもたちでした。その子どもたちのよさを，授業公開を通じて全国の先生方に見てもらいたいと思い，授業前から様々なことを考えていました。

ここでは授業の詳細を語ることはできませんが，授業後の研究協議会などで，多くの先生方からご意見をいただきました。その話し合いを受けて，

「あのとき，子どもが言ったあの言葉を板書しておけばよかった」

「あのとき，『ここの角度は何度？』と子どもに問えばよかった」

など，実際にはしなかったのですが，多くのことを考えることができました。「あのとき，子どもが言ったことを取り上げ，板書していればどうなっていたかな」「角度を尋ねていたら，どうなったかな」と，その後のことを想像すると，わたしがした授業とはちがう展開が頭の中に浮かんできました。

タラレバの話をしたいわけではありません。このように，多くの先生方と実際の授業をみて議論し合うことで，わたしの次の瞬間の選択肢が増えていくということをお伝えしたいのです。

わたしたちが目の前の子どもたちと，同じ内容でできる授業はたった一回しかありません。「今日の授業はよかった」と思えることはほとんどありません。わたしなんかは「あのとき，こうしておけばよかった」と，後悔してしまうことばかりです。だからこそ，次の瞬間を大切にしたいのです。

約一年間，「算数授業を子どもと創る研究会」の勉強会として，Zoom でのオンライン会議で 多くの先生方と語り合ってきました。
「こんなとき，○○先生だったらどんなことを言う？」
というわたしの質問に対して，それぞれの先生方が「自分だったらこう言う」と，教えてくれました。わたしにはない考えを聞くことが何度もでき，その都度，大変勉強になりました。ありがとうございました。

　この本は，わたしたちがその勉強会で楽しく語り合った内容を，少しでも伝えたいと思い，執筆しています。

　この本を読んでいただくことで，読者の先生方の「言葉の引き出し」が増えていくこと，そして，目の前にいる子どもたちとの日々の授業にうれしい変化が生まれることを願っています。わたしもがんばります。

　最後になりましたが，本書を出版するにあたり，東洋館出版社編集部の石川夏樹氏には，勉強会への毎回のご参加，企画，編集なども含めて，大変お世話になりました。心から感謝申し上げます。

2023年2月
筑波大学附属小学校　森本隆史

執 筆 者 一 覧

森本 隆史（もりもと たかし）　　　筑波大学附属小学校
　はじめに，1章，2章-07，おわりに

瀬尾 駿介（せお しゅんすけ）　　　広島県・三次市立十日市小学校
　2章-01, 06，コラム

大林 将呉（おおばやし しょうご）　熊本県・合志市立南ヶ丘小学校
　2章-02, 14

桑原 麻里（くわはら まり）　　　　宮崎県・宮崎市立江平小学校
　2章-03, 10

岡本 貴裕（おかもと たかひろ）　　山口大学教育学部附属山口小学校
　2章-04, 08

新城 喬之（しんじょう たかゆき）　沖縄県・那覇市立那覇小学校
　2章-05

福原 正隆（ふくはら まさたか）　　広島県・三次市立八次小学校
　2章-09, 21

重松 優子（しげまつ ゆうこ）　　　大分県・別府市立亀川小学校
　2章-11, 12

田中 英海（たなか ひでみ）　　　　筑波大学附属小学校
　2章-13, 15, 17, 20

金子 真代（かねこ まさよ）　　　　広島県・三次市立八次小学校
　2章-16

田渕 幸司（たぶち こうじ）　　　　兵庫教育大学附属小学校
　2章-18

森　 寛暁（もり ひろあき）　　　　高知大学教育学部附属小学校
　2章-19

編 著 者 紹 介

森本 隆史

　筑波大学附属小学校教諭。山口県公立小学校教諭，山口大学教育学部附属山口小学校教諭を経て，現職。全国算数授業研究会 常任理事，日本数学教育学会実践研究推進部小学校部会 常任幹事，教科書『みんなと学ぶ 小学校算数』(学校図書) 編集委員，隔月刊誌『算数授業研究』編集委員。

著 者 紹 介

算数授業を子どもと創る研究会

　2020年発足。子ども主体の算数授業の実現を目的とした授業研究会。実際の授業で起きた場面をもとにした授業研究を、現在はオンラインで行っている。

算数授業を左右する

教師の判断力

2023（令和 5 ）年 3 月31日　初版第 1 刷発行

編 著 者：森本隆史
発 行 者：錦織圭之介
発 行 所：株式会社　東洋館出版社
　　　　　〒101-0054　東京都千代田区神田錦町 2 丁目 9 番地 1 号
　　　　　　　　　　　コンフォール安田ビル 2 F
　　　　　（代　　表）　電話 03-6778-4343／ＦＡＸ 03-5281-8091
　　　　　（営業部）　電話 03-6778-7278／ＦＡＸ 03-5281-8092
　　　　　振　　替　00180-7-96823
　　　　　ＵＲＬ　https://www.toyokan.co.jp

装丁・本文デザイン：喜來詩織（エントツ）
イラスト：ナカニシヒカル
印刷・製本：藤原印刷株式会社

ISBN978-4-491-05084-3　　　　　　　　Printed in Japan